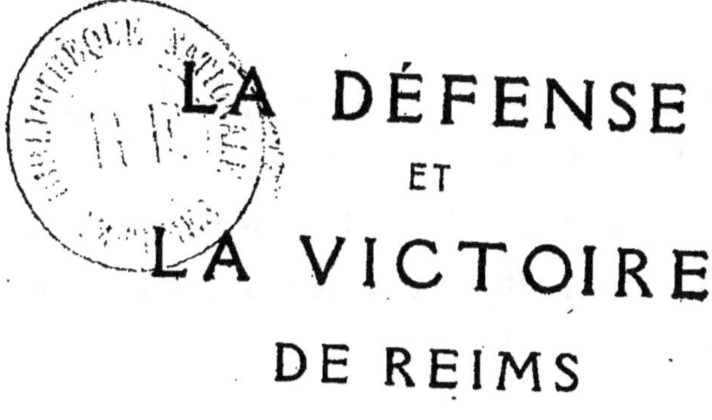

# LA DÉFENSE
### ET
# LA VICTOIRE
## DE REIMS

# HENRI GALLI

### DÉPUTÉ DE PARIS

# LA DÉFENSE

## ET

# LA VICTOIRE

# DE REIMS

PARIS

## LIBRAIRIE GARNIER FRERES

6, Rue des Saints-Pères, 6

# AVANT-PROPOS

## L'importance stratégique de Reims.

Plusieurs enquêtes ont été ordonnées et ont été faites sur les causes de la défaite de la VI<sup>e</sup> armée française, au Chemin des Dames, dans la journée du 27 mai 1918 :

1° Celle du général Maistre, commandant le groupe d'armées du centre par ordre du général en chef des armées alliées;

2° Celle de M. Jeanneney, sous-secrétaire d'État à la Présidence du Conseil, par ordre du gouvernement;

3° Celle de la commission nommée par le ministre de la Guerre et composée du général Guillaumat, alors gouverneur de Paris et des présidents des Commissions de l'armée, de la Chambre et du Sénat.

*Aucune de ces enquêtes n'a été publiée ; mais, après délibération de la Commission de l'armée du Palais-Bourbon, leurs dossiers ont été communiqués à celle-ci. L'examen en fut confié à M. Pierre Berger, aujourd'hui sénateur de Loir-et-Cher, et à moi. Nous avons présenté, à la Commission, en 1919, à la fin de la législature, un rapport qui fut approuvé.*

*Je ne sais rien de plus passionnant que l'étude des ordres, notes et rapports où revivent les journées peut-être les plus douloureuses de la guerre.*

*C'est en les compulsant que je me suis le mieux rendu compte de l'importance capitale de la défense de Reims pendant une période d'angoisse, et du rôle décisif joué, de fin mai à fin septembre 1918, par les troupes d'élite que commandait le général Mazillier (1).*

*La ville de Reims, occupée par l'ennemi sans combat et après un court bombardement, le 4 septembre 1914, délivrée, par la Ve armée, victorieuse le 12, s'est trouvée, de cette date jusqu'aux premiers jours d'octobre 1918, en-*

(1) Aujourd'hui commandant du corps d'armée colonial dont le siège est à Paris.

clavée dans les lignes françaises, assiégée, attaquée, écrasée d'obus pendant plus de quatre ans.

L'antique et glorieuse cité, au carrefour des
routes commerciales et stratégiques qui mettent
en communication les Ardennes avec Paris et
les Flandres et le Nord de la France avec l'Est et
le Centre, ouvre une porte entre les hautes falaises, les marécages de la Vesle et le massif de
collines boisées qui couvre Épernay. Elle s'ap-
puie sur celles-ci, à l'est et au sud, et sur la
Montagne de Saint-Thierry, au nord-ouest.

Aucune enceinte fortifiée n'enclôt la ville, qui
était cependant comprise dans l'ensemble des
secondes positions de défense, édifiées, après
1871, pour barrer le chemin aux invasions allemandes, de l'Argonne à Soissons (1).

Le vieux Reims est entouré de larges boulevards, qui formaient à la ville une ceinture de belles promenades. Il est flanqué de faubourgs que
traversent les routes nationales de Laon, de
Maubeuge, de Mézières, de Châlons, d'Éper-

(1) Les anciennes murailles de Reims dataient du moyen
âge. Elles ont été démolies en 1840. Il n'existait, à Reims,
aucune citadelle.

*nay, de Paris par Dormans : faubourgs de Laon, de Clairmarais, de Vesle, de Courlancy-Fléchambault, Pommery, Cérès. Ces faubourgs industriels sont limités, au nord-ouest, par le boulevard Charles-Arnould, au nord, par les casernes de Neufchâtel et les Docks rémois transformés en bastion par la défense ; à l'est, par un vaste cimetière entouré de murs, par le boulevard Dauphinot, par les casernes Louvois et Jeanne-d'Arc ; au sud-est, par la butte Pommery (1), le moulin de la Housse et par le parc des Sports.*

*En 1914, la retraite de la V<sup>e</sup> armée française, vaincue à Charleroi, dépassa Reims, dont les forts, mal armés, abandonnés en toute hâte, furent occupés sans combat par l'ennemi. Les deux principaux, Brimont, au nord, et massif de Nogent-l'Abbesse, à l'est, constituèrent pour les Allemands des places d'armes, dominant la ville à peu de distance et sur lesquelles ils ont appuyé les retranchements qui, du bois de la Gruerie à Berry-au-Bac, par les Monts de*

(1) Ancienne butte Saint-Nicaise.

Champagne, ont arrêté, pendant quatre ans, les armées françaises.

En avant de Reims, au nord et à l'est, s'étendent de vastes plaines bien cultivées. Les villages et les usines confinent aux faubourgs : Champigny, La Neuvillette, Bétheny, Cernay, Saint-Léonard, Cormontreuil.

Au nord-ouest, le canal de la Marne à l'Aisne, qui vient de Châlons, sort de Reims et forme un fossé derrière lequel les lignes de retranchement se sont multipliées, à mesure que s'est prolongé le siège. Elles reliaient entre elles les fermes, les usines, les bâtiments transformés en centres de résistance : Courcy, le château de la Malle, la distillerie de Baslieux, la verrerie de la Neuvillette, la ferme Pierquin, Bétheny-aviation. Ce vaste terrain découvert est battu par les canons de Brimont, citadelle où les Allemands ont installé leurs batteries, creusé des abris et des souterrains.

A l'est, l'ennemi, resté maître de Nogent-l'Abbesse, avance ses lignes jusqu'aux confins de la ville. Les nôtres, à cheval sur la route de Châlons à Reims et sur la ligne du chemin de fer, contournent le faubourg Cérès et gagnent au sud le village de Saint-Léonard et le fort de la Pompelle, heureusement réoccupé et conservé par nous en septembre 1914.

Dans cette région d'est, la menace constante de l'ennemi ne permet aucun repos à la défense. Désespérant, en effet, de prendre Reims de front, à moins d'y sacrifier plusieurs divisions, l'Allemand travaille à s'emparer des routes du sud; mais il lui faudra d'abord entrer dans le fort de la Pompelle. Nos troupes en ont donc fait une position redoutable.

Les deux dernières années de guerre, 1917-1918, furent pour la ville martyre les plus cruelles. En 1917, les offensives françaises, de Soissons à Auberive, attirèrent sur Reims des bombardements presque quotidiens. En 1918, les offensives allemandes, de mars à juillet, ont achevé de la détruire. Elle formait alors la base du pilier de cette riche montagne couverte de vignobles, de bois et de villages, qui résista heureusement et magnifiquement aux attaques réitérées de l'ennemi, alors que celui-ci, victorieux en mars et en mai, était descendu jusqu'à Château-Thierry et jusqu'à la Marne.

*A l'ouest, la forêt de Villers-Cotteret, à l'est, la Montagne de Reims n'ont pas cédé à la plus violente et constante des pressions ; nos soldats ne permirent pas à Ludendorf d'élargir la poche où il entassait les hommes et le matériel et que bientôt prirent de flanc les contre-offensives glorieuses de Mangin et de Degoutte.*

*La chute de Reims aurait entraîné la débâcle de nos lignes de Champagne jusqu'à l'Argonne.*

*Plusieurs voies ferrées aboutissent à la ville, notamment celles de Laon et de Rethel qui, entre les mains de l'ennemi, pouvaient permettre à celui-ci de pousser jusque-là ses ravitaillements.*

*La prise de la ville par les Allemands, dit une note inédite du haut commandement, qui nous a été communiquée, leur aurait ouvert la possibilité d'utiliser le débouché de neuf grandes routes qui convergent sur Reims et de rétablir rapidement les transports par voie ferrée dans la direction de la Marne en admettant même qu'ils n'aient pu utiliser la voie directe de Reims à Épernay obstruée au tunnel de Rilly. L'effet moral sur nos troupes et en France eût été considérable en raison des travaux effectués et des richesses que renfermait encore la ville.*

*En ce qui concerne plus directement le front de défense général de l'armée française, la perte de Reims menaçait d'ouvrir à l'ennemi la route directe de Reims à Châlons et de prendre à revers les défenses établies sur les Monts et en Champagne.*

*De plus, si nos organisations au nord de la Montagne de Reims avaient été très développées, celles de la Montagne elle-même n'étaient que commencées. Les faits ont démontré par ce qui s'est passé à l'ouest de Reims, que la pénétration de l'ennemi par les bois de la Montagne était réalisable contre des troupes rejetées aux lisières de ces bois après avoir perdu les lignes des vallonnements de la rive gauche de la Vesle, et la perte de la Montagne devait être évitée à tout prix si l'on ne voulait laisser découvrir les arrières de l'armée de Champagne.*

*Tant que le bastion de Reims solidement tenu remplissait son rôle, l'ennemi était obligé, en juin-juillet 1918:*

*1º D'allonger ses lignes dans la poche Dormans Château-Thierry;*

*2º De faire faire des grands détours à ses renforts et à ses approvisionnements;*

*3º De maintenir contre Reims et les troupes françaises à l'ouest des forces importantes pour garantir la liberté de ses communications.*

*Telle était l'importance de Reims en musoir avancé, empêchant les barbares destructeurs d'é-*

tendre leurs ravages déjà trop considérables sur tous les vignobles de cette partie de la Champagne.

La bataille d'offensive française, intense devant Reims en septembre 1914, ralentie, calmée, puis longtemps interrompue, rallumée en avril 1917, n'avait dégagé la ville à aucun moment, même après la victoire tactique remportée, en octobre de cette année, par le général Maistre au Chemin des Dames.

A la fin de 1917 et jusqu'aux derniers jours de septembre 1918, notre armée de Champagne reste sur la défensive ; elle attend et reçoit le choc d'un ennemi résolu à en finir et qui veut emporter Reims et sa montagne.

C'est alors le kronprinz qui mène l'attaque. Le centre de notre VI<sup>e</sup> armée est enfoncé.

Les 27 et 28 mai, la retraite du corps anglais, refoulé des positions de Craonne et de Berry-au-Bac par l'aile gauche ennemie, détermine un recul de nos lignes, à l'ouest et au nord de Reims, jusqu'à la limite même des faubourgs.

Pendant le mois de juin, la ville subit plusieurs assauts ; l'ennemi l'enveloppe de trois côtés et s'efforce vainement de fermer l'entrée du saillant au sud ; il échoue. Non seulement, nous gardons le pilier de la montagne, mais nous gardons la cité que d'aucuns considéraient déjà comme perdue.

Aussitôt après la dernière offensive allemande du 15 juillet, nous regagnons peu à peu du terrain. Enfin la victoire de septembre-octobre, qui chasse l'ennemi des rives de la Dormoise et des monts de Champagne contraint les Allemands à abandonner les tranchées, où ils se cramponnent depuis 1914, à évacuer les forts de Brimont et de Nogent-l'Abbesse et à se retirer sur les Ardennes.

Dans le tumulte et le fracas des grandes batailles livrées au printemps, pendant l'été et l'automne de 1918, la défense de Reims n'apparaît que comme un des épisodes de la lutte, au récit quotidien des communiqués. Il n'est que juste, maintenant, d'en faire connaître le détail, la ténacité superbe et, nous ne saurions trop le répéter, l'importance essentielle dans l'ensemble des opérations militaires qui se terminèrent, le 11 novembre, par la capitulation de l'Allemagne.

# Organisation de la Défense
## Le Fort
## De la Pompelle

I

En janvier 1918, la garnison de Reims et les troupes qui flanquent la ville à l'est et au nord-ouest, relèvent de la V<sup>e</sup> armée, commandée par le général Micheler. Elles comprennent :

1° La 134<sup>e</sup> division d'infanterie sous les ordres du général Petit, 63<sup>e</sup>, 65<sup>e</sup> et 100<sup>e</sup> régiments de ligne. L'infanterie de la division a pour chef le colonel Destremeau;

2° Le 1<sup>er</sup> corps colonial, ayant à sa tête le général Mazillier, composé des 2<sup>e</sup> et 3<sup>e</sup> divisions, généraux Mordrelle et Puypeyroux.

Les alertes sont fréquentes à la fin de l'hiver, à l'est de la ville, dans la région toujours agitée de la Pompelle que tiennent les troupes de la 3<sup>e</sup> division coloniale.

La route de Cambrai à Châlons débouche

de Reims, au sud-est; elle franchit la butte Pommery; elle est bordée d'arbres et traverse, aussitôt après, les vastes terrains de manœuvre de la garnison, une plaine cultivée. Les maisons et constructions importantes, sont rares. On ne rencontrait, de Reims à la Croix de la Pompelle, en septembre 1914, à gauche, en se dirigeant vers Châlons que la ferme de la Jouissance et la ferme d'Alger.

Au nord, s'élèvent, en pente douce, les collines du massif de Nogent-l'Abbesse-Berru-Vitry-lès-Reims, qui commandent la région. Depuis 1914, l'ennemi y développait ses organisations, batteries, tranchées, sapes, abris, jusqu'à proximité de la ferme d'Alger. Les lignes allemandes traversaient la route à l'est de la Pompelle et descendaient jusqu'à peu de distance du Petit-Sillery et de Prunay.

Au sud de la route de Reims à Châlons, la plaine qui s'étend jusqu'au pied des coteaux de Rilly, de Chigny, de Mailly-Champagne, de Verzy, de Verzenay est couverte de riches villages, de villas et de fermes, sur les rives de la Vesle et du canal de l'Aisne : Cormontreuil,

Saint-Léonard, Taissy, Sillery, qui se relient par de bonnes routes à la Montagne.

La vallée est naturellement protégée par la rivière et par le canal, ainsi que par la ligne du chemin de fer de Châlons, en remblai.

La ferme d'Alger s'élevait, à gauche, à l'embranchement de la route de Châlons et de la voie Romaine qui passe au pied des monts de Champagne, vers la région de Suippe. En face, au sud, les ouvrages du fort de la Pompelle, complétaient la ligne de défense de la place de Reims à l'est, à sept kilomètres environ de la ville.

Mais, depuis septembre 1914, l'ennemi était maître des trois forts de Vitry, de Berru et de Nogent-l'Abbesse. La Pompelle demeurait le poste le plus avancé de la défense française, couvrant les routes du sud de Reims, en communication avec la Montagne et avec Épernay, c'est-à-dire avec le chemin de fer de Paris-Nancy.

Les lignes extrêmes françaises, parallèles à la route de Châlons, coupaient le champ de tir et longeaient cette route même, de la ferme de la Jouissance à la Pompelle. De nombreux boyaux reliaient la première position au moulin de la Housse, à la butte Pommery, à Cormontreuil, à Taissy, à Saint-Léonard, et au remblai du chemin de fer, au flanc duquel s'ouvraient les abris rapprochés du front de combat. La plupart des batteries de 75, de 120 long, de 155, de 105 étaient maintenues au sud du canal et de la Vesle.

A la fin de septembre 1914, placée au centre de combats violents, la ferme d'Alger s'était écroulée sous les projectiles ; les derniers vestiges mêmes des bâtiments et des murailles s'enfouissaient ou se dispersaient. Une mine allemande en bouleversa le sol, creusant un profond entonnoir aux abords des retranchements nord de la Pompelle, en décembre.

Le fort avait cependant tenu sous les bombardements les plus terrifiants. Pas une heure, il ne fut évacué. Rattaché au canal directement par un boyau, il était flanqué des tranchées d'Avignon, du petit Bois, de Lodi, de Crimée, Blondlat, du bois Long, à l'est ; de la Néva, de Mlawa au sud ; de la Tour, du Var, d'Arles, Débeney à l'ouest ; d'Alger au nord.

Les pèlerins, qui vont en foule visiter le champ de bataille de Reims, se rendent sur les ruines désormais célèbres de la Pompelle.

Formant bastion à l'est à quelques centaines de mètres au nord de la Vesle, l'ouvrage, secondaire, n'était pas destiné à jouer un rôle particulièrement brillant dans la défense de la ville; mais, en septembre 1914, lors de la retraite allemande qui suivit la bataille de la Marne, la ligne de combat se fixa au nord même de la Pompelle, désormais cible tout indiquée pour l'ennemi.

Pendant quatre ans, les batteries des hauteurs de Berru, Beine et de Nogent-l'Abbesse l'ont arrosée de leur mitraille, mais c'est au cours de l'année 1918 que le fort reçut les plus rudes coups.

« Considéré comme une clef de la ville sacrée, sa prise apparaissait indispensable à qui voulait s'emparer de Reims. Ainsi s'explique l'entêtement des Allemands sur ce point, le nombre et la violence de leurs attaques.

« Et pourtant la Pompelle, en 1918, n'est plus à proprement parler un fort. Les obus par la répétition de leurs coups ont démantelé ses bastions et provoqué l'éboulement de ses parapets; c'est plutôt un mamelon sans végétation, auquel les trous de marmite juxtaposés donnent l'aspect d'une montagne lunaire. Le mamelon par un dédale de tranchées et de boyaux est relié aux ouvrages qui constituent la première position au nord de la Vesle et à l'intérieur de laquelle il est englobé (1). »

Les galeries communiquent avec l'arrière par un souterrain de plus de 600 mètres qui débouche vers le sud dans la tranchée dite de Mlawa, et par lequel s'effectuent les envois de renfort et l'évacuation.

La consigne de défense est la suivante :

Le fort et ses abords immédiats sont occupés par une compagnie. Cette unité est encadrée par les deux autres compagnies du bataillon chargé de la défense de l'ensemble. A l'est, la résistance se tient dans l'ouvrage du bois Long et dans l'ouvrage de Crimée. A l'ouest, une compagnie a pour mission de résister dans l'ouvrage de la Pompelle. La compagnie du fort n'a qu'un peloton comme garnison intérieure, les deux autres sections étant chargées de défendre les abords immédiats de l'ouvrage, de tenir le débouché du tunnel et de fournir les premiers éléments de contre-attaque. (Voir croquis.)

_______

(1) Rapport du corps colonial.

La mission dévolue au bataillon est d'assurer, à tout prix, l'intégrité de la position, chaque groupe de combat résistant jusqu'au dernier homme sur l'emplacement confié à sa garde, et de reprendre par des contre-attaques immédiates le terrain perdu. La garnison intérieure du fort a pour devoir de défendre l'ouvrage jusqu'au bout avec ses deux sections et ses mitrailleuses.

Dans la nuit du 28 février au 1er mars, le 2e bataillon du 21e régiment d'infanterie coloniale (commandant Jacobi) subit une attaque violente. L'ennemi enfonce nos premières lignes et enveloppe le fort où s'est enfermée la 6e compagnie et que commande le capitaine adjudant-major Marfaing.

Dans la matinée du 1er mars, la concentration des feux à obus vésicants neutralise nos batteries et se fixe sur le centre de résistance. Les ouvrages disparaissent dans la fumée et dans la poussière; les observatoires sont écrasés, toutes les lignes téléphoniques rompues. « Ceux qui, de la montagne de Reims, assistent à ce spectacle se demandent si le fort que la Vesle sépare du reste des hommes ne va pas sauter d'un moment à l'autre. »

Vers 17 h. 30, la préparation d'artillerie se

transforme en barrage roulant et deux bataillons d'assaut, appuyés par une compagnie de pionniers, se lancent à l'attaque.

Les groupes de combat résistent, les mitrailleuses claquent, toute l'artillerie du 1er corps d'armée colonial concentrant ses feux, décime les bataillons allemands ; l'attaque échoue.

Cette première tentative est suivie d'une accalmie; mais, à la faveur de l'obscurité et d'une forte tempête de neige, les Allemands, vers 19 h. 30, renouvellent l'assaut, pénètrent dans les premières tranchées françaises, enveloppent de nouveau le fort et se maintiennent toute la nuit sur la ligne conquise. Les assaillants ont réussi à s'emparer des avancées ; mais, bien qu'encerclé entièrement, l'ouvrage de la Pompelle lui-même est défendu avec la dernière énergie par la 6e compagnie du 21e régiment d'infanterie coloniale et reste inviolé. Le capitaine Marfaing, n'ayant plus de communications possibles avec l'extérieur par téléphone ou par coureurs, lâche un pigeon auquel il confie le message suivant : « *Tenons toujours pleins de confiance. Moral et tenue de la troupe admi-*

*rables.* » Le commandement, resté pendant toute la nuit du 1er au 2 dans l'ignorance absolue sur le sort de la garnison intérieure du fort, avait monté une contre-attaque. Il en conduit l'exécution avec d'autant plus de vigueur qu'au matin du 2 mars, grâce au message par pigeon, on sait que le fort résiste ferme. Fusillée, mitraillée par les défenseurs de la place et bousculée par cette contre-attaque, l'infanterie allemande cède peu à peu sous nos coups et rentre dans ses tranchées de départ, Le 2 mars, à 10 h. 30, notre situation est entièrement rétablie, mais le fort inviolé, s'écroule de toutes parts.

« On ne peut circuler qu'à plat ventre dans les anciennes galeries. La cuisine où l'avant-veille encore, on faisait cuire la soupe dans les vieilles marmites choumara, a complètement disparu (1). »

Le chiffre de nos pertes, dans ces combats du 1er mars, s'élève à 36 tués, 77 blessés 506 intoxiqués, 39 disparus.

L'ennemi laisse dans les fils de fer de nombreux cadavres, quelques blessés et beaucoup de matériel.

(1) Historique de la 3e division coloniale.

Furieux de cette déconvenue, le commandement allemand tenta quelques jours plus tard de la faire payer cher à ceux qui la lui avaient infligée.

Le 5 mars, en effet, après une journée calme, à 22 h. 50, les torpilles à gaz pleuvent sur le saillant d'Alger-la Pompelle. Les empoisonneurs boches inaugurent sur notre front l'emploi des « projecteurs ». L'explosion de ces torpilles nouvelles s'enveloppe d'un nuage épais de fumée à odeur de foin pourri qui gagne la Pompelle et ses abords sud.

La plupart de nos soldats s'empressent de mettre le masque; mais 82 hommes n'en sont pas moins intoxiqués par oxychlorure de carbone; 26 succombent (1).

(1) Ces projecteurs sont de vulgaires tubes fermés par en bas; un trou (une lumière) pour mettre une capsule électrique, de la poudre et une marmite par-dessus et voilà.

Pour les mettre en batterie, on commence par faire une série de petites tranchées échelonnées en profondeur perpendiculairement à la ligne de tir. On apporte les tubes (plusieurs centaines), on les place en direction avec l'angle de tir voulu, à un mètre les uns des autres, on les charge, et, quand le moment est venu, il n'y a qu'à appuyer sur un bouton pour que tout porte en même temps.

Aussi ouvre-t-on l'œil quand on entend, de l'autre côté des bruits de ferraille. On demande à l'aviation de photographier le terrain, et, à la loupe, on cherche sur les épreuves ces petites tranchées parallèles. En découvre-t-on, l'artillerie fait dans ces régions des tirs de harcèlement, on exécute

Quelques jours plus tôt, pendant même que l'ennemi tentait l'opération contre la Pompelle, après un tir d'artillerie qui ne dura pas moins de 9 heures à peu près sans interruption et deux émissions de gaz, l'ennemi avait pénétré sur une certaine étendue dans les lignes du 3e bataillon du 100e d'infanterie, au secteur nord.

La riposte ne se fit pas longtemps attendre. Le 18, un détachement sous les ordres du capitaine Hivet, comprenant 6 officiers, 180 hommes des 9e et 11e compagnies, 22 sapeurs du génie, enlève plusieurs tranchées allemandes, tue la plupart de leurs défenseurs et ramène 12 prisonniers après avoir détruit abris et matériel.

Le bataillon fut cité à l'ordre du jour de l'armée.

Les deux autres régiments de la 134e division n'étaient pas moins tenus en haleine. Le 10 mars, deux compagnies du 3e bataillon du 65e, sous les ordres du capitaine adjudant-major Laurent pénètrent profondément dans

des coups de main pour essayer de prendre le Boche qui mangera le morceau. (Historique de la 3e division coloniale.)

les lignes boches, détruisent des postes ennemis et font des prisonniers. Un ordre du jour du général Petit exprime aux combattants ses félicitations :

Le général porte à la connaissance des états-majors et troupes de la division la conduite héroïque des unités du 65e régiment d'infanterie, qui ont dans une incursion profonde, atteint la quatrième tranchée ennemie, ont tué de nombreux Allemands, détruit 11 abris pleins d'hommes qui refusaient de se rendre et ont ramené 5 prisonniers et une mitrailleuse. Cette belle troupe a montré une fois de plus que, pour une infanterie décidée et brave, il n'y a pas d'obstacles.

Mêmes éloges du colonel commandant l'infanterie divisionnaire :

Je suis heureux, écrit-il au colonel du 65e, d'adresser mes bien vives félicitations à votre régiment pour le cran magnifique dont vos hommes ont fait preuve... Je regrette vivement les pertes que vous avez faites. Elles sont l'attestation du courage de vos hommes.

Le 21 mars, date de la grande offensive de Saint-Quentin-Cambrai contre l'armée anglaise, nos lignes autour de Reims sont copieusement arrosées de projectiles. C'est la classique diversion par l'artillerie, sans que l'infanterie allemande intervienne autrement que par coups de main.

Jusqu'au 9 avril les alertes se multiplient. Le 20, le lieutenant Bousquet du 65e surprend, en patrouille, un détachement ennemi, le charge à la baïonnette, lui tue 4 hommes et ramène deux prisonniers, dont un sous-officier. Un même fait d'armes, accompli le 26 avril, vaut au sous-lieutenant Persaire, du même régiment une citation à l'ordre de l'armée.

De notre côté, les travaux de défense progressent activement sous le feu le plus intense. Nos batteries renforcées ripostent à celles de l'ennemi et ne laissent guère de repos aux premières lignes ni aux arrières. L'artillerie allemande entreprend, dès le mois d'avril, la destruction féroce et systématique des îlots de maisons et des monuments restés debout dans la cité.

Le bombardement se poursuit méthodiquement, en mai, par obus incendiaires. Reims devient un immense brasier. Les pompiers de la ville et ceux du régiment de Paris qui y sont détachés combattent le fléau jour et nuit; mais ils ne réussissent à sauver qu'une partie des richesses de toute nature : marchandises, textiles, mobiliers, objets d'art abandonnés à Reims et dont le déménagement ne fut organisé que trop tard par des spécialistes mobilisés.

Les caves de la ville contiennent des millions de bouteilles de vin de Champagne. Elles résistent heureusement à tous les projectiles des plus forts calibres.

Le 20 avril, l'armée de la défense de Reims s'accrut de six bataillons sénégalais, d'un effectif de 8.000 hommes venant du camp de Saint-Raphaël, attachés au 1er corps colonial, avec lequel ils avaient déjà fait campagne en 1917.

Bien exercés et entraînés pendant l'hiver, remarquablement encadrés, ils furent affectés à raison d'un bataillon par régiment colonial et employés en première ligne, après deux semaines de réacclimatation dans les villages sud de la Montagne de Reims.

Le 26 mai, à la veille de la grande offensive, les troupes de défense se répartissent en trois secteurs :

1º Secteur de Reims proprement dit, divisé lui-même en quatre sous-secteurs :

*La Neuvillette* au nord-est de Reims, qui se rattache aux faubourgs;

Le 22e régiment d'infanterie coloniale, avec deux bataillons sénégalais, occupe la position.

*Sous-secteur nord* tenu par le 100e régiment d'infanterie.

*Sous-secteur centre* tenu par le 65e régiment d'infanterie.

*Sous-secteur sud* tenu par le 63e régiment d'infanterie.

Les lignes de ce secteur confié à la 134e division sont aux lisières mêmes de la ville.

2º Secteur dit de Villers-Allerand, 3e division coloniale, général Puypeyroux, divisé en trois sous-secteurs à l'est :

*Cormontreuil* tenu par le 7e régiment d'infanterie coloniale.

*Taissy*, tenu par le 22e régiment infanterie coloniale.

*Puisieux*, tenu par le 21e régiment d'infanterie coloniale.

3º Secteur de Ludes, général Mordrelle, divisé en deux sous-secteurs :

*Sillery*, tenu par le 24e régiment d'infanterie coloniale.

*Ferme de l'Espérance*, tenu par le 43e régiment d'infanterie coloniale.

Chaque division dispose de son artillerie. L'artillerie lourde est scindée en trois groupements, le premier composé de six batteries de 105, le deuxième de neuf batteries de 155, le troisième de quatre batteries de 120.

Le général Mazillier commande l'ensemble des secteurs. La 134e division d'infanterie opère donc, rattachée au 1er corps colonial, dont le quartier-général est à Tauxières, en pleine Montagne de Reims.

Le général Mazillier, sorti de Saint-Cyr dans l'infanterie de marine en 1884, colonel en 1912, après plus de 15 ans de campagnes de guerre en Indo-Chine, à Madagascar, au Sénégal, au Soudan, au Maroc, commandait, à la mobilisation, le 7e régiment colonial. Ses états de service très brillants aux combats livrés dans les Ardennes, à la bataille de la Marne (Ecriennes, Farémont) sur le front de Champagne, à Massiges, enfin dans la Somme, lui avaient valu un avancement aussi rapide que justifié par les notes et les citations les plus élogieuses.

Général de brigade, le 18 décembre 1914, commandeur de la Légion d'honneur en novembre 1915; général de division en 1916, il fut mis à la tête, en février 1917, à la veille de la grande offensive, d'un de nos meilleurs corps d'attaque le 20e, à la gauche de la VIe armée; il y remporta d'importants succès dans le secteur de Braye-Cerny, et revint, en juillet, au 1er corps colonial, bientôt victorieusement engagé, en octobre, au Chemin des Dames.

En janvier 1918, ce corps d'élite avait relevé à l'est de Reims le corps de cavalerie. Le général Mazillier prit possession de son commandement à Tauxières. Les événements lui donnèrent bientôt un rôle de premier plan dans la grande bataille de 1918. Jeune encore, vigoureux, gardant bien en main et entraînées ses troupes de choc, d'une décision prompte, caractère droit et sûr, infatigable, tenace, inaccessible au découragement, inspirant à ses subordonnés par son exemple, par les heureux résultats obtenus, une confiance absolue, il réunissait les meilleures qualités du chef, dans les circonstances particulièrement difficiles où se trouva Reims, après le désastre de la VI<sup>e</sup> armée. D'autres, moins solidement trempés, auraient hésité peut-être, lorsque la ville, presque isolée, semblait condamnée à succomber. Le général Mazillier ne se laissa ni émouvoir, ni ébranler; il se refusa toujours à évacuer Reims.

A la date du 26 mai, le 1<sup>er</sup> corps colonial est en contact à droite, vers Prunay, avec le 4<sup>e</sup> corps d'armée, et, à gauche avec la 45<sup>e</sup> division d'infanterie, général Naulin, dont les lignes s'étendent au nord-ouest de Reims, entre les Cavaliers de Courcy et Loivre, parallèlement à la route de Reims à Laon.

Au delà, vers Berry-au-Bac, le 9<sup>e</sup> corps britannique, très éprouvé dans les batailles du mois de mars, à peine reconstitué, est en position à Craonne et jusqu'au Chemin des Dames.

La 45<sup>e</sup> division et le corps britannique relevaient du général Duchêne, commandant la VI<sup>e</sup> armée. La place de Reims au contraire se rattachait, depuis peu, à la IV<sup>e</sup>, celle du général Gouraud.

La V<sup>e</sup> armée, en effet, commandée successivement depuis septembre 1914, par les généraux Franchet d'Espérey, Mazel et Micheler, spécialement affectée au secteur de Reims, avait été transportée dans la région de l'Oise et rapprochée ainsi du gros des troupes françaises destinées à contenir l'avance allemande prévue au nord-ouest de Paris et celle qui semblait dirigée vers la mer.

# LA RUÉE ALLEMANDE
# DU 27 MAI

## II

L'offensive engagée le 27 mai par le kronprinz, de Pinon à Reims, n'a pas atteint autrement que par le canon, dans la première journée, les défenses de la place, situées à droite de la bataille, en dehors de l'action. Il n'en apparaît pas moins que cette offensive tendait à faire tomber en quelques jours la résistance de Reims. La ville, débordée à l'ouest, puis attaquée à l'est semblait condamnée à l'abandon à bref délai par sa garnison. La chute de Reims aurait entraîné un recul général de nos lignes, prévu de notre côté et préparé au moins jusqu'à la Marne. Du 29 mai aux premiers jours de juin, ce recul parut même probable et une partie de l'État-Major français le considérait comme inévitable.

Rapporteur de la Commission de l'armée,

j'ai recueilli, à ce sujet, des notes et des témoignages graves, dans les quelques jours d'une incertitude angoissante qui suivirent l'affaire du 27 mai, et qui auraient tourné peut-être au désarroi sans l'inébranlable fermeté de M. Clemenceau. Le chef du gouvernement, ne l'oublions jamais, fut alors admirable de sang-froid, de résolution, d'énergie, de volonté de vaincre. Au Parlement, aux armées, il sut communiquer à tous cette volonté de ne pas faiblir, ce sentiment que la mort était préférable à la capitulation et que notre ténacité aurait tôt ou tard raison de l'ennemi qui s'acharnait à détruire la France.

En se refusant à sacrifier le haut commandement et, par cela même, à décourager l'opinion à l'intérieur et les soldats au front, il a sauvé la Patrie (1).

(1) Séance du mardi 4 juin à la Chambre des députés. Interpellation des socialistes sur la situation militaire.

*Le Président du Conseil.* — ...Je le répéterai aussi longtemps qu'il le faudra pour me faire entendre, parce que c'est mon devoir, parce que j'ai vu ces chefs à l'œuvre et que quelques-uns d'entre eux, contre lesquels je n'ai pas à cacher que j'étais prévenu, m'ont frappé d'admiration. (*Applaudissements.*) Est-ce à dire qu'il n'y ait de fautes nulle part? Je suis incapable de le soutenir. Je le sais très bien, mon office est de trouver ces fautes et de les corriger. C'est à quoi je m'applique. En cela, je suis soutenu par deux

Le général Foch, avant l'offensive du 27 mai, s'était toujours montré convaincu que l'effort ennemi porterait, pour être décisif, sur la Somme contre les Britanniques. Aussi dirigeait-il vers le nord-ouest nos réserves disponibles. Il jugeait, avec les meilleures raisons stratégiques, que le danger le plus redoutable était là et que, si l'Allemand coupait les deux armées alliées et rejetait les Anglais sur la Manche, toute chance de victoire s'évanouirait pour nous. En revanche, un échec, si grave qu'il fût, sur un autre point, lui semblait réparable.

grands soldats, le général Foch et le général Pétain. (*Vifs applaudissements à gauche, au centre et à droite.*)

Le général Foch a à ce point la confiance de nos alliés que, hier, à la conférence de Versailles, ils ont voulu que, dans le communiqué à la presse, il fût fait témoignage de la confiance qu'ils ont en lui. (*Nouveaux applaudissements.*)

*M. Deguise.* — C'est vous qui l'avez dicté. (*Protestations.*)

*Le Président du Conseil.* — Ces hommes livrent en ce moment la bataille la plus dure de la guerre et ils la livrent avec un héroïsme pour lequel je ne trouve pas d'expression digne de le qualifier. Et c'est nous qui, pour une faute qui se sera produite dans telle ou telle partie ou même qui ne se sera pas produite, avant de savoir, demanderions des explications, exigerions, au cours de la bataille, d'un homme épuisé de fatigue et dont la tête tombe sur sa carte, comme je l'ai vu à des heures terribles, c'est à cet homme que nous viendrions demander des explications pour savoir, si, à tel ou tel jour, il a fait telle ou telle chose !

Chassez-moi de la tribune, si c'est cela que vous demandez, car je ne le ferai pas ! (*Vifs applaudissements.*)

La remarquable étude du 2e bureau de l'État-Major général ne laisse aucun doute sur la manière de voir du commandant en chef des armées alliées, manière de voir persistante encore le 28 mai (1).

Hindenburg, Ludendorf ne voulaient-ils qu'une diversion, en attaquant au Chemin des Dames? N'ont-ils changé d'avis que le second jour de l'attaque, lorsque le succès dépassa leurs prévisions et prit les proportions d'une irrésistible ruée jusqu'au delà de la Marne? Est-ce alors seulement qu'ils se décidèrent à essayer d'en finir et à tourner leur effort contre Paris?

Nous savons aujourd'hui par l'aveu du maréchal Hindenburg, dans ses mémoires, que les « Allemands furent entraînés plus loin » qu'ils ne voulaient aller primitivement :

Les succès inespérés, dit-il, avaient éveillé en nous de nouvelles espérances et nous avaient fait entrevoir de nouveaux objectifs. Si, en fin de compte, nous n'avons pu atteindre le but que nous poursuivions, l'épuisement progressif des forces que nous avions engagées en est la cause essentielle.

(1) Voir *la Bataille de France* par Madelin, pages 97 et suivantes.

Nous ne voulions pas lancer dans la région de la Marne un nombre de divisions supérieur à celui que nous nous étions primitivement fixé, *car nos regards étaient toujours tournés vers les Flandres* (1).

Ce qui, du reste, est, dès maintenant, certain, c'est que le maréchal Foch et aussi le maréchal Pétain ont couvert de leur autorité le général Duchêne, le vaincu du Chemin des Dames. L'un et l'autre, s'adressant au ministre de la Guerre, M. Clemenceau, ont demandé, en effet de rendre un commandement à ce vaillant chef qu'ils ne regardaient pas comme coupable, puisque la VIe armée avait été laissée dans un état trop évident d'infériorité.

Le génie de Foch est tout de clarté et de décision prompte. L'événement lui démontra, dès le matin du 29, que l'attaque allemande, principale, improvisée ou non, menaçait de tout emporter sur la Marne, et d'atteindre Paris; il ordonna aussitôt de diriger la Xe armée à gauche de la VIe de Compiègne à Villers-Cotterets sur le flanc de l'assaillant et de ramener, en toute hâte, la Ve, celle du géné-

(1) Mémoires d'Hindenburg. (Traduction du Général Buat, page 314).

ral Micheler, de Méru (Oise) sur Reims (1).

Nous allons maintenant suivre pas à pas la bataille autour de la ville, du 26 au 31 mai.

Le front de la VIᵉ armée, commandée par le général Duchêne, s'étendait, en mai 1918, des abords de Noyon à ceux de Reims, soit un front de 90 kilomètres, confié à deux corps d'armée français, les 11ᵉ et 30ᵉ et au 9ᵉ corps britannique, ce dernier placé sous les ordres du général Gordon.

Au lieu d'un secteur normal de 3 à 4 kilomètres, les divisions tenaient des secteurs de 7 à 14 kilomètres.

La densité d'artillerie était inférieure des deux tiers à la densité adoptée par le haut commandement pour tout secteur de bataille.

Les réserves étaient, le 26 au soir, de 4 divisions.

Les positions avancées, de l'aveu de tous,

(1) « On ne voit au juste que quand on voit large. Le groupe opposé aux armées franco-britanniques, celui du prince Ruprecht restait menaçant au bord de la Somme; pas une division n'avait été prélevée sur lui en vue de l'offensive du prince de Prusse. La bataille était donc encore possible en Artois, et en dépit des circonstances qui étaient graves, l'enjeu d'une bataille au nord de la Somme restait plus sérieux que celui même que les Allemands pouvaient espérer enlever au delà de la Marne. »

(*La Bataille de France*, par Madelin, p. 101.)

étaient très fortes, avec deuxième ligne insuf-
fisamment organisée, et troisième inachevée,
faute dé main-d'œuvre.

Jusqu'au 21 mars, il ne semble pas que le
général Duchêne ait signalé, vis-à-vis de son
armée, des préparatifs d'attaque. Lorsque se
produisit la première grande offensive allemande de 1918 contre l'armée britannique, les
ordres, conformément aux directives du 27 décembre 1917, du général Pétain, prescrivaient
l'organisation d'une stricte défensive.

L'avance des Allemands, après l'enfoncement du front anglais, se fit foudroyante, le
21 mars et les jours suivants, dans la direction de Noyon, sur la gauche de la VI$^e$ armée.
De sa propre initiative, le général Duchêne,
au moyen des troupes dont il disposait, con-
tribua à contenir et à arrêter le flot qui menaçait Compiègne.

Dès le 26 mars 1918, lorsque fut constituée,
en la personne du général Foch, l'unité de
commandement des armées alliées, ordre fut
donné au général Franchet d'Espérey, commandant le groupe des armées du Nord « *de
tenir à tout prix la ligne de l'Ailette* ».

Le 6 avril, la 161$^e$ division qui appartenait

alors à la VIe armée, ayant dû évacuer Coucy, les instructions les plus formelles furent donc transmises le 8 par le général Franchet d'Es-pérey :

« Désormais, la VIe armée doit, *à tout prix*, maintenir l'intégralité de son front sur l'Ailette. Assurez-vous que tous les exécutants sont pénétrés de cette nécessité primordiale. »

Pendant tout le mois d'avril, le front de l'armée du général Duchêne ne fut troublé par aucune tentative de l'ennemi. Les reconnaissances d'avions ne signalaient ni mouvements, ni préparatifs suspects.

Aux premiers jours de mai, cependant, des prisonniers, interrogés, parlèrent d'une offensive prochaine; mais d'autres les contredirent.

« Le front allemand, équipé depuis longtemps et soigneusement camouflé, ne présentait aucune modification sensible. »

Le service des renseignements surprit alors l'installation de nouveaux postes de T. S. F., et quelques prisonniers français, évadés de Sissonne, racontèrent qu'une attaque importante se préparait dans la région de Laon.

Le général Duchêne, personne ne le conteste, prévoyait cette attaque, de même que le général Franchet d'Espérey. Tous deux faisaient observer que le kronprinz, à la tête des armées qui leur étaient opposées, jouerait certainement, l'heure venue, un rôle important dans la prochaine grande offensive.

Le commandant de la VI<sup>e</sup> armée demanda instamment des renforts; il estimait que les divisions dont il disposait ne pourraient arrêter une attaque organisée par l'ennemi aussi puissamment que celle du 21 mars.

Ces renforts lui furent refusés. Le commandant en chef portait, en effet, on le sait, le gros de ses disponibilités sur la Somme et vers le Nord.

On a considéré, dit à ce sujet le rapport de la Commission d'enquête présidée par le général Guillaumat, que le dispositif général des forces alliées et la répartition des disponibilités de toute sorte, personnel et matériel, ainsi que l'emplacement des grandes réserves stratégiques alliées, devaient être combinés de manière à rendre invincible et pour ainsi dire inattaquable le front au nord de l'Oise, parce que, de ce côté, il n'était plus permis de rien perdre après le recul de mars, sans compromettre le sort de la guerre, alors qu'ailleurs, un recul pourrait encore se supporter et se réparer.

en attendant le moment où, avec les forces américaines, l'offensive pourrait être reprise par toutes les forces alliées, mises sous la main du chef unique.

Ce qui permet cette hypothèse, c'est l'indication suivante du premier rapport du général Pétain sur la comparaison des forces en présence :

*Elle était une conséquence inévitable des événements de mars et d'avril, qui avaient imposé à l'armée française de nouvelles et lourdes charges au nord de l'Oise et dans les Flandres.*

Le 20 mai, complétant les instructions que nous avons signalées, le général Duchêne donna les ordres nécessaires en prévision de l'attaque; il fit exécuter de nouveaux travaux de défense et envoya, dans la mesure de ses ressources, des mitrailleuses en supplément aux divisions qui en réclamaient.

Sa préoccupation était d'autant plus vive que les effectifs de ces divisions se trouvaient alors réduits par une épidémie de grippe (3.000 malades) et par l'absence de sept à huit pour cent de permissionnaires.

Les divisions anglaises, très éprouvées dans les combats de mars, commençaient à peine à se reconstituer.

Les 21 et 22 mai, les avions signalent de

gros rassemblements de troupes à Landrecies, au Cateau, à Guise, sur des points relativement éloignés du Chemin des Dames et de Reims.

Le 23, circulation active vers Laon et Sissonne. Du 24 au 26, le mauvais temps ne permet pas les observations aériennes.

Un aviateur ennemi a été capturé près d'Amiens; il déclare dans son interrogatoire qu'une *diversion* se prépare à l'offensive du Nord et de la Somme dans la région de Laon.

*Diversion* : l'opération principale est donc toujours celle du Nord, qui retient l'attention du haut commandement. Le vrai danger le plus redoutable paraît à Amiens et à Arras.

Dans l'après-midi du 26, deux prisonniers, dont un aspirant, adroitement questionnés, laissent échapper enfin des réponses qui ne laissent plus aucun doute sur l'imminence de l'action ennemie. L'un et l'autre reconnaissent que des batteries d'artillerie sont parvenues au front allemand de l'Ailette en nombre considérable et ils révèlent que l'attaque se fera le lendemain au lever du jour.

Le général Duchêne alerte immédiatement ses troupes, et celles-ci, conformément aux plans arrêtés, prennent leurs positions de combat, avec cette consigne : demeurer jusqu'à épuisement sur les hauteurs au sud de l'Ailette; reculer au contraire d'environ deux kilomètres sur des lignes préparées, dans la plaine entre Craonne et l'Aisne.

Les réserves de l'armée s'acheminent vers les deuxièmes positions.

A la tombée du jour, les tirs de contre-préparation commencent. Des officiers sont envoyés par le général Duchêne, en vue de s'assurer sur place que tous moyens sont pris pour détruire, s'il y a lieu, en cas de retraite, les ponts de l'Aisne.

Dans la soirée du 26 mai, les divisions de la défense de Reims, quoiqu'elles ne dépendissent pas de la VIe armée, reçurent du général Mazillier, leur chef direct, avisé des attaques imminentes sur le front de cette armée, l'ordre de prendre les armes.

Dès 12 h. 40, les obus s'abattent sur Reims et s'acharnent sur nos positions du nord, que survolent plusieurs escadrilles allemandes. Bientôt le bruit d'une canonnade, qui roule comme le tonnerre à l'ouest de la ville, couvre tout.

C'est à gauche des Cavaliers de Courcy, à gauche du canal que la trombe se déchaîne sur Berry-au-Bac, sur Craonne et sur le Chemin des Dames.

Avertis bien tard, les corps de la VI<sup>e</sup> armée, surpris, submergés, par une masse énorme de 45 divisions, opposent, sur quelques points, une résistance héroïque; mais l'ennemi, appuyé par 4.000 pièces d'artillerie, par d'innombrables mitrailleuses, se glisse, s'infiltre entre nos bataillons par les bois et par les ravins. Il dépasse la ligne des batteries, il surprend les postes de commandement et il s'empare des ponts de l'Aisne, avant que soit exécuté l'ordre de faire sauter les mines.

Dans la région de Reims, l'extrême gauche de l'offensive boche ne dépasse pas Courcy. En cette journée du 27 mai; elle porte son principal effort à la jonction des secteurs de Reims et de Trigny, vers ce dernier village, situé au nord-ouest, que couvrent les hauteurs de Cormicy et le fort de Saint-Thierry. L'excellente 45<sup>e</sup> division, sous les ordres d'un de nos meilleurs et de nos plus jeunes chefs, le général Naulin, se compose de troupes d'Afrique, zouaves, tirailleurs, régiment de marche d'infanterie légère. Elle dispute pied à pied le terrain, après avoir abandonné par ordre les tranchées parallèles à la route de Laon à Reims, de Sapigneul à Courcy.

Au delà de Berry-au-Bac et vers Craonne, la 21e division anglaise, enfoncée, bat en retraite, laissant en l'air et fort exposée, la gauche de nos troupes algériennes. Une partie du 6e tirailleurs est tournée par l'ennemi et bientôt encerclée. Le 3e *bis* de zouaves contre-attaque et rétablit heureusement, après un combat très dur, la liaison avec les Anglais.

Deux régiments de marche, de trois bataillons chacun ont été formés, en hâte, par le corps colonial de la défense de Reims, en vue de venir en aide au général Naulin :

1er régiment, lieutenant-colonel Jacobi, composé d'un bataillon du 7e, commandant Ripert; d'un bataillon du 21e, commandant de Bazelaire; d'un bataillon du 23e, commandant Marquet;

2e régiment, colonel Roy-Roux; composé d'un bataillon du 22e, commandant Martin; d'un bataillon du 24e, commandant Deredinger; d'un bataillon du 43e, commandant Cau.

Le soir même, ce dernier régiment reçoit

l'ordre de s'embarquer dans la nuit en camions et il est transporté sur la rive sud de la Vesle, dans la région Rosnay-Muizon, pour étayer la 45e division entre Gueux et le bois de Tuilerie.

A Reims, à la 134e division et au quartier-général du corps colonial, peu de renseignements parviennent, le 27 mai, sur la progression des Allemands. Dans la soirée, le régiment Jacobi est dirigé vers la région de Châlons-sur-Vesle et de Gueux, avec mission de garder la cote 216, à l'est de Trigny, en arrière des Anglais.

La situation s'améliore un peu sur le front de la 45e division, grâce à d'heureuses contre-attaques. Une partie du terrain perdu est provisoirement reprise.

Pendant la journée du 27, l'avance allemande a été foudroyante au centre. L'ennemi dépasse le Chemin des Dames, enlevé avec une rapidité déconcertante, dès la première heure. Le soir même, deux divisions boches débouchent sur la Vesle à Bazoches et à Bagneux.

Le général Duchêne s'est expliqué sur ce désastre qui faillit entraîner la chute de Reims, dans un mémoire communiqué aux divers enquêteurs :

« L'intensité extraordinaire, dit-il, de la préparation d'artillerie et de minenwerfer, la profusion d'obus toxiques et fumigènes, la violence et les progrès de l'attaque dans la fumée et le brouillard, l'enfoncement de la première position, dès le matin, sur la Californie et entre Craonne et l'Aisne, par l'action des tanks, sur toute la gauche, puis le centre de la 22e division, un peu plus tard sur le centre de la 21e et sur une partie du centre de la 61e.

« Puis la progression de l'ennemi, dont le mouvement était orienté de l'est vers l'ouest dans la région au sud de l'Aisne, presque de l'est à l'ouest, dans la plaine au nord de l'Aisne, et du nord-est au sud-est sur le plateau des Dames. Son avance le long de l'Aisne par les deux rives, autour de Pontavert, puis jusqu'à Maizy ; son arrivée aux ponts d'Œuilly vers 9 h. 45 ; puis à Bourg et Couin, à Chavonne (10 h. 30 et 10 h. 45), Vailly, vers 11 h. 30.

« A 11 h. 30, l'ennemi tenait, depuis l'amont de Condé, l'Aisne dont une partie des ponts n'avaient pu être détruits, mais cependant il ne réussissait à en déboucher sensiblement qu'après 15 heures.

« Entre 15 et 16 h., il avait rassemblé plusieurs bataillons au bord et au sud de l'Aisne, de Vieil-Arcy à Villiers-en-Prayères et des forces importantes entre Maizy, Meurival et Roucy; il commençait à s'infiltrer vers Dimizel et Longueval, contre la 3e ligne de la 2e position, vers Merval, et à progresser au sud de Glennes et de Meurival.

« A 18 heures, cependant, nous tenions toujours Saint-Mard, le sud de Longueval, les abords de Merval et les hauteurs de Roucy.

« La contre-attaque de la 13e division arrivait du G. A. N., mais trop tard et ne réussissait pas à arrêter l'assaillant qui, après un nouvel effort, arrivait vers 20 heures sur la Vesles, de Courcelles à Fismes et atteignait, avant la nuit, Mont-Notre-Dame et Villesavoye...

« ...A 11 heures, je prescrivais au 11e C. A. de replier derrière la 2e position tous les éléments qu'il pouvait encore avoir en avant, et notamment la 61e division d'infanterie. Je ne songeais plus qu'à défendre cette 2e position, à la reprendre là où elle serait perdue, à repousser au delà de l'Aisne, l'ennemi ayant passé sur la rive sud...

« ...La bravoure de nos troupes, l'héroïsme de beaucoup n'ont pu briser l'attaque...

« De l'enfoncement rapide du front, du passage rapide de l'Aisne, les causes, c'est la disproportion considérable des forces et des moyens en présence, la violence des attaques menées contre nos troupes trop diluées à 3, 4, 5 et 7 contre 1, à 4 batteries contre 1, submergeant tout par le nombre, en certains points par des chars d'assaut, poussant sans arrêt, s'infiltrant par les trous ou les couloirs de moindre résistance, arrivant dans la fumée sur les flancs et les derrières des batteries, avant que celles-ci aient connu leur approche, arrivant aux passages de l'Aisne par-dessus nos troupes et par les deux rives, alors qu'on se battait encore sur la position intermédiaire ou même la première position, tuant ou mettant en fuite les défenseurs des ponts et les équipes de destruction.

« Comme dans un édifice dont les poutres maîtresses sont écrasées par une charge trop forte, tout s'écroulait. »

Le 28, à l'aube, les Allemands poursuivent

l'assaut, ils exploitent leur succès. Ils franchissent la Vesle et occupent Fismes. Ils parviennent plus lentement à Courlandon.

Le 9e corps anglais recule, sous une pression qui ne se relâche pas, jusqu'aux crêtes de Trigny. Saint-Thierry, défendu par un régiment de la 45e division va succomber. Jonchery et Prouilly sont pris.

Le général Naulin a son Q. G. à Champigny aussi près que possible de sa division qui est assaillie sur tout le front.

Sous ses ordres, le groupement Richaud s'étend de l'Aisne au col de Trigny : 1er tirailleurs, un bataillon d'Afrique, le 6e tirailleurs et le 3e zouaves.

A l'ouest, le régiment Jacobi dispute encore Prouilly à l'ennemi.

Entre Trigny et le moulin de Cuissat, le régiment Roy-Roux (1) barre la Vesle de Brascourt à Muizon, toujours en liaison avec la 134e division d'infanterie.

Les unités, très bombardées, dit l'Historique du corps colonial, sont fortement pressées par l'infanterie ennemie, mais la défense est acharnée, on

_______

(1) Mis à la disposition de la 45e division par le général Mazillier.

lutte corps à corps, les troupes déploient une ardeur admirable et si, par endroits, la ligne cède, avec un élan magnifique des contre-attaques immédiates reprennent le terrain perdu. L'ennemi fait des efforts violents sur le front de la 45e division, surtout à la fin de l'après-midi; il cherche à enlever le massif de Saint-Thierry, en le bandant à la fois par l'est et par l'ouest. A l'est où l'effort est le plus violent, après des combats acharnés, Thil-Pouillon et le fort de Saint-Thierry sont enlevés aux troupes du colonel Richaud.

La VIe armée et les deux divisions anglaises qui lui étaient annexées, sont presque complètement anéanties. Leurs débris se replient en désordre au-dessous de la Vesle dans la direction de la Marne; mais la 45e division, maintenue par son chef, échappe à la débâcle; elle ne recule que lentement et pivote de façon à couvrir Reims à l'ouest et à conserver la liaison avec les Anglais à gauche et avec la 134e division française à droite.

Aucune fissure ne se produit, permettant à l'ennemi de pénétrer dans Reims. Sous le feu le plus violent d'artillerie, les troupes de la 134e division gardent une admirable contenance. Le 22e colonial, en flèche extrême au nord de la ville, à l'ouest du canal, détruit le pont de la Besace.

Le 28e bataillon sénégalais, fort de deux compagnies indigènes, une compagnie européenne et de 4 sections de mitrailleuses, n'a pas abandonné les tranchées à l'est du canal; mais la pression ennemie s'accentue, en même temps que s'accroît l'intensité du bombardement. Les Allemands en viennent au corps à corps dans un assaut de front et de flanc; ils sont chassés en désordre des tranchées que les Sénégalais conservent intégralement.

« Mais cette situation du 28e bataillon de tirailleurs sénégalais ne peut être maintenue sans danger, aussi le commandement ordonne-t-il un léger repli, en même temps qu'il fait entrer en ligne le 61e bataillon de tirailleurs sénégalais. Le nouveau dispositif est pris au cours de la nuit du 28 au 29 mai et à 4 h. 30, le 29, les deux bataillons sont dans la situation suivante : le 28e bataillon de tirailleurs sénégalais défend le village de la Neuvillette et la Verrerie, il est en liaison à l'est avec un bataillon du 22e régiment d'infanterie coloniale, à l'ouest avec le 61e bataillon de tirailleurs sénégalais, qui tient toute la région de plaine herbeuse et de marécages s'étendant entre le pont Saint-Thierry sur le canal de l'Aisne et la Vesle (1). »

A la droite des coloniaux et des Sénégalais, le 100e d'infanterie surveille toute la région au sud de Bétheny. De 4 à 6 heures, le 28, il arrête, en partie, à coups de mitrailleuses, une infiltration boche qui se produit par les tranchées dites de Mayence et de Westphalie. A 18 h. 45, une vague d'assaut débouchant de Bétheny est vigoureusement rejetée.

Les bataillons de Rochemonteix et Laurent, du 65e d'infanterie, occupent, dans le secteur du Linguet (nord-est), les parallèles de couverture et de bataille. Jusqu'au 3 juin, ils repoussent toutes les attaques ennemies.

Les compagnies Richard et Tailhade, détachées au faubourg de Clairmarais (nord-ouest), maintiennent l'intégralité de leur front contre les troupes supérieures en nombre qui débordent leur flanc gauche et infligent aux Allemands de lourdes pertes.

« Si le Boche, écrit le commandant du sec-

---

(1) Rapport du 1er corps colonial. Le 61e bataillon sénégalais se composait exclusivement d'indigènes, à l'exception des cadres.

teur n'est pas entré ce jour-là (28) à Reims, c'est en très grande partie au capitaine Richard et à ses soldats que cela est dû. »

Les autres troupes du général Petit et du général Mazillier ne reçoivent guère pendant les désastreuses journées du 27 et du 28 mai, que les éclaboussures de la grande bataille qui se déroule à leur gauche. L'artillerie allemande se montre active; mais la masse de l'infanterie ne sort pas de ses tranchées.

Le général Mazillier, bien que la division Naulin ne soit pas sous ses ordres et se rattache à la VIe armée, engage avec elle toutes ses disponibilités, de façon à empêcher la rupture entre cette armée et Reims. Dans la matinée du 28, outre le régiment Roy-Roux, il lui envoie deux groupes d'artillerie. Dans l'après-midi se mettent en route, ayant même destination, deux bataillons prélevés sur les réserves de la 134e division, la 10e compagnie du génie et un groupe du 315e régiment d'artillerie.

Dans la soirée, le général Nogues prend le commandement des régiments Roy-Roux et Jacobi. Le groupe Guérin de l'artillerie divisionnaire (A. D.) est poussé sur la gauche de la 45e division.

L'avance ennemie exige des décisions promptes, l'immédiate mobilisation de tous les détachements d'arrière en état de marcher.

Sous les ordres du colonel Bertrand, le centre d'instruction divisionnaire fournit lui-même un groupement de marche, auquel se joint un demi-régiment du 3e chasseurs d'Afrique, dont la mission spéciale est de ne pas perdre le contact avec les Anglais.

Le général Naulin, dit l'Historique du 1er corps colonial, n'est cependant pas sans inquiétudes. Ses régiments, qui combattent depuis plus de 36 heures, supportent une poussée de plus en plus forte et donnent des signes manifestes de fatigue. Mais ses craintes viennent surtout de la région de Brascourt, sur le front britannique, d'où il appréhende un débordement. Des prisonniers annoncent une attaque générale pour la nuit par 6 régiments, qui, disent-ils, sont rassemblés dans le ravin de Prouilly au château Hervelon. Ces renseignements joints aux comptes rendus du colonel Richaud sur l'état de ses régiments, augmentent les appréhensions du général Naulin et amènent le général Franchet d'Espérey, mis au courant des faits, à autoriser, en cas de perte de Brascourt, le repli de la division.

Celle-ci, littéralement épuisée, est envoyée à

peu de distance dans la région de l'Ardre; mais, pour elle, le repos ne durera pas long-temps. L'évacuation de la rive nord de la Vesle s'est opérée en bon ordre. Le régiment Roy-Roux couvre la retraite avec trois bataillons territoriaux qui garnissent la ligne Muizon-Champigny.

Les éléments en action de ce côté ne se connaissent pas et ne connaissent pas le terrain, plusieurs s'égarent.

Dans la nuit du 28 au 29 mai, le général Naulin, dont le P. C. est transporté à 1.200 m. à l'est de Pargny, partage les nouvelles troupes dont il dispose en trois groupes :

Celui de droite, sous le commandement du colonel Richaud, est formé par le bataillon sénégalais Malafosse, par le 1er bataillon du 100e régiment d'infanterie et deux bataillons territoriaux. Il occupe le front la Neuvillette, ferme Baslieux, château la Malle, cote 100 (2 kilomètres nord-ouest de Thillois).

Le groupe de gauche, commandé par le général Nogues, borde la Vesle, entre la cote 100 et la borne nord-ouest du bois de la Tuilerie, en passant par Muizon. Le régiment Jacobi barre la route Jonchery-Reims, face au nord-ouest. Le régiment Roy-Roux tient la lisière des bois entre le moulin de Cuissat et le bord du plateau de Montanin; un bataillon du 65e forme la réserve. Les bataillons de la 177e brigade territoriale deviennent réserve générale de la division.

L'artillerie de campagne est scindée en deux fractions attachées à chacun des groupements d'infanterie. Trois groupes, ceux du commandant Guerini, appuient les troupes du général Nogues; trois groupes d'artillerie coloniale appuient celles du colonel Richaud. L'artillerie lourde réunit trois groupes d'A. G. P. et de batteries de 155.

Le 29 mai, le flot allemand vient battre de toute sa violence le nouveau front. Le 28e bataillon de tirailleurs sénégalais s'est accroché aux défenses qui entourent la Neuvillette et la Verrerie; des tranchées et des réseaux existent, mais les abris font défaut et les troupes souffrent fort des bombardements incessants que les grosses pièces de la région de Brimont leur prodiguent nuit et jour. Plus à l'ouest le 61e bataillon de tirailleurs sénégalais est encore plus mal en point, ,car par suite de l'avance ennemie, il a été jeté sur un terrain où n'existent comme organisations défensives que quelques boyaux; les hautes herbes qui couvrent la plaine sont un bénéfice pour l'assaillant ; vers la Vesle, enfin, à la gauche du front tenu par le bataillon, la liaison n'a pu être trouvée avec les éléments territoriaux de la 45e division d'infanterie qui a reculé. Ce simple aperçu montre assez quel intérêt il y avait pour les Allemands à faire effort sur le bataillon Malafosse : ils n'y ont pas manqué.

Le 29 au matin, la Verrerie de la Neuvillette s'effondre littéralement sous le déluge d'acier qui lui vient de la région de Brimont ; la compagnie qui la défend voit bientôt les fantassins ennemis l'encercler, aussi, pour échapper à leur étreinte, se replie-t-elle dans le village de la Neuvillette après avoir fait sauter le pont de la Verrerie. L'artillerie allemande fait rage, et donne de la voix avec tous ses calibres. Les gros prennent à partie le village de la Neuvillette, Trois Fontaines et le Pont Saint-Thierry tenus par le 28e bataillon de tirailleurs sénégalais ; ils écrasent le Château des Marais, la Station, la ferme de Baslieux, la Machine élévatoire où sont les éléments du 61e bataillon de tirailleurs sénégalais. L'artillerie de campagne qui suit au plus près l'infanterie couvre de ses feux nos tranchées et boyaux où s'abritent les Sénégalais, une de ses pièces installée près de la Verrerie, enfile la rue principale de la Neuvillette et cause de lourdes pertes au 28e bataillon de tirailleurs sénégalais.

L'infanterie allemande veut profiter de la protection que lui donne son artillerie et se montre très mordante. Sur le front défendu par le 28e bataillon de tirailleurs sénégalais, ses efforts restent vains, chacune de ses tentatives lui coûte de lourdes pertes sans qu'elle puisse prendre pied dans le village même de la Neuvillette. Sur le front du bataillon Malafosse ses efforts sont désespérés; elle les renouvelle avec ténacité, car c'est dans cette partie du champ de bataille qu'elle cherche la décision. Par quatre fois dans la journée elle se lance à l'assaut, une première fois sans succès à 8 h. 30, une seconde fois à 10 heures, après une heure de préparation d'artillerie, elle lutte pendant quatre heures sans résultat appréciable dans le parc du Château des Marais et au sud de la Verrerie, les sections sénégalaises résistent avec la plus farouche ténacité et se font tuer sur place plutôt que de reculer. A 15 heures, après une heure de préparation, elle attaque à nouveau et sans souci de ses pertes qui sont des plus lourdes; elle met 2 heures pour progresser jusqu'à la Machine élévatoire qu'elle ne peut prendre. A 20 h. 30 enfin, après plus d'une heure de préparation, elle s'acharne sur le 61e bataillon de tirailleurs sénégalais dont les éléments épuisés et décimés viennent se replier sur la berge est du canal (1).

(1) Rapport inédit du corps colonial.

Avec la nuit le calme revient, les Allemands ont tellement souffert le 29 que, pendant la journée du 30 et la nuit du 30 au 31, ils ne tentent plus rien dans cette région du champ de bataille. Ils se contentent de harceler avec leur artillerie la position où se sont repliés les défenseurs, de broyer la Neuvillette et ses abords à coups de canons lourds, et de s'acharner 3 heures durant sur le 61e bataillon de tirailleurs. Résignés, les Sénégalais laissent passer l'orage, mais 86 des leurs sont tués ou blessés au cours de ce bombardement.

Ainsi pendant quatre journées, deux bataillons sénégalais au prix des plus lourdes pertes viennent d'écrire avec leur sang une page qui peut compter parmi les plus belles de l'histoire de la guerre.

Livrés à leurs seuls moyens, car l'appui de l'artillerie française obligée à des déplacements leur a fait défaut pendant ces journées, ils ont arrêté en terrain découvert un ennemi mordant ayant la supériorité numérique et l'avantage de l'appui de son artillerie.

Pendant ces graves journées de la fin mai 1918 le 28e B. T. S. et le 61e B. T. S. ont puissamment contribué à sauver Reims. Commandés par des chefs jeunes et énergiques, qui les connaissaient et les aimaient, les Sénégalais se sont admirablement battus et le meilleur hommage qu'on leur ait encore rendu ce sont les journaux allemands de l'époque qui le leur présentent (1).

Les batteries boches de gros calibre de Brimont font de la contre-batterie. Elles interdisent les routes importantes et écrasent les villages. A l'ouest, une infanterie active, hardie, continue à s'infiltrer à travers blés et seigles afin de prendre pied sur la Montagne de Reims.

Les Anglais, de plus en plus débandés, se mêlent à nos soldats de la 45e division et à ceux de la 154e, général Breton, qui accourt en renfort. Vers 13 heures, celle-ci cède et se retire sur la croupe, cote 202, sans que le général Nogues, voisin de droite, en soit averti.

Le général engage alors sur la ligne Sapicourt (cote 202), Ferme de Rosnay, plateau ouest de Sermigny, le bataillon Deredinger, du 21e colonial, un bataillon du 90e territorial, un bataillon du 85e et 500 Anglais, débris de la division Campbell.

Le groupe Laterrade, formé de compagnies noires du centre d'instruction divisionnaire,

_______

(1) Rapport du corps colonial.

confié au général Nogues, barre la trouée Bou-leuse-Pargny.

En présence du péril extrême, le général Bre-ton n'hésite pas à faire alerter le bataillon du 2e tirailleurs algériens, au repos depuis moins de vingt-quatre heures dans la vallée de l'Ar-dre, et il le jette sur le plateau à l'ouest de Germigny.

Le général Naulin, de son côté, fait rentrer en ligne, en toute hâte, le 1er tirailleurs qui se reformait dans le bois de Sainte-Euphrasie. Il l'envoie sur le plateau, à l'est de Treslou, face à l'ouest, afin de contenir les Allemands. Ceux-ci ne lâchent plus les Anglais dont ils veulent achever la déroute.

La situation paraît sérieusement et pres-que irréparablement compromise. Beaucoup d'unités se débandent. Sur le front nord, des Anglais s'intercalent sans ordre dans les compa-gnies du régiment Jacobi, tiraillent et se retirent de même. Les Allemands profitent de ce désar-roi pour s'insinuer par les bois et les ravins, en même temps que leur artillerie, par des tirs d'interdiction, empêche nos ravitaillements.

Le téléphone ne fonctionne plus, les chas-seurs d'Afrique du 3e sont employés comme agents de liaison. On se bat toute la nuit. L'ennemi refoule le régiment Jacobi sur la cote 111, sur la Huvette et sur Gueux.

Le repli des troupes, parallèlement à la Vesle, donne au seul groupe Nogues une forme de coin qui reste enfoncé dans la position boche. A l'aube, les compagnies, fatiguées, flottent dissociées et presque dépourvues de munitions.

Les Allemands franchissent, de plus en plus nombreux, la Vesle; ils pénètrent entre le bois de Gueux et Champigny.

A droite, le bataillon Malafosse, 61e des tirailleurs sénégalais, quatre fois attaqué dans la journée, est débordé à son tour et se retire vers le canal. Tout le groupement recule donc jusqu'à la route de Gueux-Champigny-Château de la Malle.

La situation, déjà si mauvaise, s'aggrave d'heure en heure, à mesure que l'ennemi descend à l'ouest de Reims, dont il escompte l'encerclement.

Les renforts attendus impatiemment n'arrivent que lentement, car l'ennemi bombarde les voies ferrées jusqu'à Paris (1). Sitôt arrivés, ils entrent dans la fournaise.

(1) Ligne interrompue quelques heures à Noisy-le-Sec.

Après la 154e division, c'est la 28e qui vient enfin à l'aide de la valeureuse 45e, dont les hommes sont à bout de force et de nerfs, et les compagnies réduites à des effectifs misérables.

Le général Naulin, infatigable, fécond en ressources, veille à tout; il utilise tout ce qu'il a sous la main, colmate, bouche les trous, anime les combattants de son ardeur et de sa confiance que rien ne décourage; mais il n'a plus de réserves, et la masse allemande le déborde toujours.

Le général Mazillier, son supérieur, s'évertue alors à trouver, coûte que coûte, de nouvelles disponibilités; il récupère les moindres détachements d'armes diverses, il a recours à tous les moyens pour protéger l'ouest de Reims et les abords immédiats de la montagne.

Il se rend très clairement compte du but vers lequel tend la manœuvre ennemie, et il est résolu à ne pas laisser tomber la ville, et à s'y maintenir, le plus longtemps possible.

Le général rétrécit donc le front de la 134e division et il obtient du général Gouraud que le IVe corps assurera la défense de Prunay à l'est. Plusieurs bataillons, devenus ainsi disponibles, passent aux secteurs de gauche, renforts précieux immédiatement engagés aux points les plus menacés.

Le 30, une opération, bien conduite par le lieutenant-colonel Pouzergue, du 65e, nous rend maîtres de l'importante position des Graviaires.

A cette même date, dans la soirée, le front de Reims part cote 113, sud-est de Méry-Prémecy ; cote 125, enveloppe la cote 240, contourne Vrigny au Nord, s'infléchit vers Ormes, dont il passe à 1 kilomètre à l'ouest, contourne Thillois au sud, atteint Champigny pris par les Allemands, le château la Malle, la ferme Pierquin et se raccorde avec la 2e division coloniale, à l'est de Bétheny.

Dans la nuit du 30 au 31, les Allemands ont accentué leur effort d'encerclement de Reims. Ils attaquent entre le canal de l'Aisne et la Montagne. De fortes reconnaissances se précipitent sur Vrigny. Les infiltrations sont partout signalées. La situation paraît presque désespérée. La 28e division fait alors marcher un bataillon du 22e d'infanterie, dont 2 compagnies reprennent la position de Vrigny. Le groupe d'artillerie Chadebec de la Valade arrête les Allemands qui débouchent de la ferme Méry. L'ennemi, contenu, s'arrête pour souffler.

D'autre part, les bataillons coloniaux Ripert et Martin-Jean, du groupe Richaud, le 1er bataillon du 3e zouaves et le 1er du 17e territorial ferment une brèche ouverte près d'Ormes.

Les Allemands attaquent, toute la journée du 31, à l'ouest et au nord-ouest de Reims.

Dans son curieux rapport, le chef de bataillon Deredinger, du 24e régiment d'infanterie coloniale, décrit ainsi la manœuvre ennemie :

« De notre observatoire, au nord de Sainte-Euphrasie, nous avons vu les Allemands, le 31 mai, attaquer une division à notre gauche. Ils ont procédé uniquement par infiltration de lenteur extraordinaire.

« Le mouvement commence à 7 heures du matin : deux soldats descendent de la croupe au nord-est de Bouleuse, entrent dans un petit bois, en sortent par l'autre extrémité, deux minutes après. Derrière eux, à 400 mètres deux autres hommes suivent le même chemin, puis deux autres encore. Ils ont l'air d'hommes inoffensifs, corvée d'eau peut-être? Un troisième groupe porte quelque chose. A la jumelle, nous distinguons une mitrailleuse. Nos mitrailleuses tirent de très loin, pour s'amuser. Les Boches se couchent, puis repartent. Derrière eux apparaissent d'autres groupes.

« Du petit bois les premiers ont gagné le fond de la vallée de Bouleuse, puis un autre bois. L'artillerie française avertie tire sur un objectif qu'elle ne voit pas. Que peut-elle d'ailleurs contre cette poussière d'hommes? Le tir dure cinq minutes : les Boches avancent pliés en deux, sautent dans une carrière. Au bout d'une heure, ils sont dix dans la carrière... »

Réussira-t-on à fermer les issues, à se rendre maîtres de cette inondation, à lui opposer des barrages ? A peine l'un est-il constitué qu'un autre cède.

Au nord de Reims, à l'ouest du canal commande le colonel Fajolle, du 22e colonial, à l'est, le colonel Beaulieu, du 100e d'infanterie. Leurs régiments tiennent les accès du faubourg de Laon.

L'ennemi, maître de Champigny, depuis le 30 au soir, attaque le bataillon du 63e d'infanterie qui défend Mont-Saint-Pierre.

Entre le château de la Malle et la route

Reims-Neuchâtel, l'infanterie allemande utilise nos tranchées et se rapproche de la ville qu'elle croit déjà tenir. Le moral de l'ennemi est exalté par sa victoire. Le 31 au matin, il s'empare de Mont-Saint-Pierre, il atteint les premières maisons de Courcelles, de Saint-Brice, de Tinqueux et celles de la Haubette au sud-ouest; mais nos troupes se reprennent encore une fois et elles sauvent le faubourg.

Les compagnies de mitrailleuses territoriales se retranchent derrière les barricades qui protègent les ponts et les avenues. Elles tiendront, jusqu'au bout et sous les bombardements les plus meurtriers, les accès sud de Reims, avec un sang-froid qui ne se laisse pas ébranler une seconde.

Malgré l'énergie de la défense, dit le rapport du Corps d'armée, cette journée du 31 est heureuse pour le commandement allemand; ses troupes ont pu, en effet, s'emparer de la Neuvillette, atteindre les lisières de Courcelles-Saint-Brice-Tinqueux, et pousser, dans la soirée, une pointe menaçante vers le faubourg de la Haubette. La ligne de défense, continue jusque-là, a été ramenée aux portes mêmes de la ville de Reims et semble un moment disloquée, l'état de fatigue extrême dans lequel se trouve l'infanterie française, après 3 jours et 3 nuits de combats incessants, semble devoir permettre tous les espoirs; c'est le moment de lui donner le coup de grâce, de pousser à fond l'avantage recueilli pendant la journée, d'exploiter le succès et de préparer au mieux la bataille du lendemain qui doit permettre de prendre Reims avec la même facilité qu'on cueille un fruit mûr.

Le 31 mai, vers la fin de l'après-midi, à 19 h. 30 les Allemands s'élancent donc à l'assaut de la ferme Pierquin défendue par le 100e régiment d'infanterie. La préparation est courte, mais très violente et l'attaque est appuyée par un groupe de 3 chars d'assaut. L'action se présente sous l'aspect d'une forte reconnaissance bien montée et cependant les moyens matériels mis en œuvre sont insuffisants pour en imposer à nos troupiers et les impressionner. Dès que les vagues d'assaut surgissent, dès que les chars sont visibles, tous les engins que possède la défense entrent en jeu. L'artillerie concentre son action sur les chars qui sont déjà pris à partie par les canons de 37 de l'infanterie, et les mitrailleuses fauchent les fantassins ennemis en arrêtant net leur élan.

Un char allemand a réussi à dépasser la ferme Pierquin mais à peine a-t-il franchi 30 mètres au sud de la ferme qu'il est mis hors de combat par un canon de la défense contre tank, les deux autres chars sont encore moins heureux puisqu'ils sont obligés de s'arrêter quelques minutes à peine après le débouché de l'attaque.

C'est un échec total pour la reconnaissance et pendant que les 3 chars gisent inertes sur le terrain on voit l'infanterie allemande se replier en désordre vers ses tranchées de départ.

C'est la première fois que les troupes de la défense de Reims ont à lutter contre des chars ennemis : les Allemands comptaient sans doute que leur entrée en action contre une infanterie fatiguée par trois jours de lutte, agirait d'une façon démoralisante sur ces troupes et réduirait facilement leur résistance. Ils se sont une fois de plus grossièrement trompés, et les 15 chars qu'ils lâcheront le lendemain sur le front de la 3e division coloniale auront le même sort que les 3 tanks détruits devant le 100e régiment d'infanterie. Métropolitains ou coloniaux sont de même race; en bons soldats français, confiants dans leurs chefs, confiants en eux-mêmes, ils ne s'en laissent imposer d'aucune manière par l'ennemi.

Mais, à la nuit, nos lignes s'établissent en arrière. Le front, autour de Reims, se rétrécit. Il atteint le faubourg de Clairmarais, tourne, au nord, à hauteur de Trois-Fontaines, couvre le faubourg de Laon, descend à l'est, parallèlement au faubourg Cérès, traverse la route de Cernay, le champ de tir et par Saint-Léonard, rejoint la Pompelle.

De leurs positions au sud-ouest et au sud-est, les batteries de l'ennemi peuvent croiser leurs feux sur toutes les routes d'accès à Reims. Il semble qu'un dernier effort va leur permettre d'atteindre le but poursuivi, d'enfermer la garnison de la ville et de la réduire bientôt à capituler.

Guillaume II, toujours disposé aux manifestations théâtrales, est accouru; il se tient prêt à une entrée sensationnelle, à travers les monceaux de ruines fumantes, dans la ville du Sacre et dans la cathédrale mutilée (1).

Les armées de Von Bœhm et de von Below ne rencontrent plus devant elles, au centre, que des éléments sans cohésion, elles poussent vers le sud, jusqu'à la Marne, jusqu'à Château-Thierry et devant Dormans, dont les ponts sont détruits.

---

(1) Un soldat de la 237e division allemande note, le 28 mai, sur son carnet :

« Sur la grande route de Reims, entre Ferticux et Corbeny, passent en auto l'Empereur, le Kron-Printz et Ludendorf. »

# L'EFFORT DU 1er JUIN
# CONTRE LE PILIER DE REIMS

## III

C'est dans la journée du 1er juin, alors que la VIe armée se trouve presque dissoute et que le général Duchêne établit son quartier général à Trilport, entre La Ferté-sous-Jouarre et Meaux, à moins de cinquante kilomètres de Paris, que les Allemands comptent se rendre maîtres de Reims, avant d'engager les suprêmes opérations. Les renforts, de notre côté, commencent à arriver; mais le front ne se reconstitue que péniblement. La Ve armée, éloignée de la région champenoise, au mois de mars, y est rappelée. Le général Micheler, qui la commande depuis mai 1917, vient, en toute hâte, reprendre la direction de la défense dans le secteur qui va d'Arcis-le-Ponsart à Prunay. Il s'installe, au château de Montmort, au sud-ouest d'Épernay. L'ennemi ne lui laissera pas le temps d'y méditer longuement sur les mesures à prendre. Il faut agir (1).

Tout près de là, dans la petite ville d'Avize, le chef du groupe d'armées du centre, général Franchet d'Espérey, a donné l'ordre aux services d'arrière de reculer au delà de la route de Montmirail à Paris. Lui-même décide de fixer son quartier général à Sézanne, non loin de la contrée où il combattit et fit reculer l'armée allemande en septembre 1914.

A la date du $1^{er}$ juin, il n'y a plus d'illusions à garder sur les projets des Allemands, ni sur le but de l'offensive.

« Les déclarations concordantes des prisonniers que nous avons faits, dès le 27 mai, dit le général Duchêne, dans une de ses notes à la commission d'enquête, les jours suivants et surtout à partir du 3 juin par centaines, les identifications précises, les documents allemands saisis (ordre d'attaque, dispositifs), les renseignements de divers ordres, nous permettent d'établir ce qu'était pour les Allemands

_______

(1) Le château de Montmort date du xvi<sup>e</sup> siècle, c'est un monument historique. Le général Micheler n'y devait rester que quelques jours. Il fut remplacé par le général Buat, qui eut lui-même bientôt pour successeur le général Berthelot.

leur offensive du 27 mai et les moyens qu'ils y consacrèrent, dès le début. Il s'agissait, après les batailles d'usure de mars et d'avril, après avoir écarté et épuisé les armées britanniques et, croyait-on, épuisé et dispersé les réserves françaises, de passer à l'attaque décisive... »

La consigne était de pousser toujours droit devant soi, aussi loin que possible : *Los immer Los* (à fond toujours à fond).

Les officiers allemands affirmaient à leurs soldats : « L'artillerie française sera éteinte, vous ne trouverez que des sentinelles ou des troupes affaiblies et surprises, sans réserves. »

L'ennemi espérait, estime le général Duchêne, sinon arriver du coup sous les murs de Paris, du moins se rapprocher de la capitale et la tenir bientôt sous le feu de ses batteries lourdes; la soumettre à un bombardement de destruction.

En présence de l'extrême péril, ne convenait-il pas, en prévision d'autres formidables assauts de resserrer, de concentrer nos troupes, de réduire les fronts, d'évacuer Reims, les lignes de Champagne au moins en partie? La question fut certainement posée. En 1918, au cours de diverses missions aux armées, les généraux Franchet d'Espérey, Micheler, plus tard le général Buat, nous ont fait part de leurs préoccupations. Ils doutaient évidemment que la ville presque cernée pût tenir; mais, si on devait l'abandonner, il fallait se hâter de compléter les défenses de la Montagne de Reims. La perte de celle-ci, disait le général Gouraud, entraînerait la perte de Verdun et de nos lignes, au moins jusqu'à Nancy.

Mais Foch s'opposait à tout nouveau recul. Dès le 30 mai, le général Pétain avait adressé aux armées françaises cet émouvant appel :

O. G. n° 107.      G. Q. G.
30 mai 1918.

Soldats,

L'ennemi frappe un nouveau coup. Supérieur en nombre pendant ces trois jours, il a pu bousculer nos premières lignes; mais nos réserves accourent; vous allez briser son élan et riposter. Debout, les héros de la Marne ! Pour vos foyers, pour la France ! En avant !

PÉTAIN.

Les réserves vont affluer de toutes parts, ainsi que le dit le chef, dont la parole inspire confiance; mais elles ne parviennent que trop lentement. La grande voie ferrée de l'Est ne fonctionne plus entre Épernay et Meaux.

La 28e division, à peine arrivée de la zone Ambonay-Louvois-Bouzy, s'est intercalée, on le sait, entre la 45e et la 154e sur l'Ardre.

Deux bataillons du 99e, un bataillon territorial, un groupe d'artillerie divisionnaire forment réserve dans la région de Coulommes-Sermiers.

Les Allemands se concentrent pour faire écrouler le pilier de la Montagne Champenoise et pour élargir la poche de plus en plus allongée et profonde qu'ils ont creusée.

Leur intérêt n'est pas douteux : ne pas laisser respirer les troupes françaises, profiter, sans perdre une minute, du désarroi dans lequel se trouvent l'armée dispersée et les corps envoyés pour remplacer les divisions disparues, avancer coûte que coûte, ne pas laisser aux alliés le temps de se ressaisir et enlever Reims. L'opération sera donc tentée, dès le 1er juin.

Nos observatoires de la Montagne signalent de gros mouvements d'infanterie et d'artillerie allemandes à l'est et à l'ouest. Un prisonnier polonais, capturé par une patrouille du

23e colonial, déclare que l'assaut définitif ne tardera pas. Déjà les colonnes sont rassemblées.

Mais il ne s'agit pas pour le Boche d'aborder Reims de front. L'ennemi n'ignore pas, en effet, que la ville ruinée, où il n'y a plus rien à ménager, hérissée de barricades, garnie de mitrailleuses, avec ses abris et ses caves, avec une garnison aguerrie, incapable de défaillance, constitue un réduit presque imprenable, où les assaillants ne pénétreront qu'au prix des plus lourdes pertes, où les attendent pièges, embuscades, mines. Reims, avec ses lignes de défense, deviendrait le tombeau d'une armée, assez folle pour l'attaquer au nord et par ses faubourgs de l'est et de l'ouest.

« Il faut se rendre à Reims, notais-je le 31 mai, dans un rapport à la commission de l'armée, pour bien comprendre la situation vraie de la ville (1). De l'observatoire du moulin de Verzenay, nous avons contemplé l'ensemble de nos positions. Reims, où la cathédrale, toujours debout, semble défier l'ennemi, n'est plus qu'un amas de ruines formant poche dans les lignes allemandes. On ne s'explique

_______

(1) En mission avec mon collègue Seydoux les 31 mai, 1er et 25 juin à Reims.

pas de Verzenay, que la ville résiste encore. Sur place, au contraire, cette résistance obstinée ne surprend plus. Une division modèle a organisé la défense avec une merveilleuse intelligence de la guerre moderne. Partout des barricades, des postes fortifiés dans les décombres, des nids de mitrailleuses. Les grandes caves offrent des abris contre lesquels la plus grosse artillerie ne peut rien... »

En revanche, il semblait relativement facile d'isoler la ville, de la bloquer, d'avoir raison de ses défenseurs par la famine.

Un rapport de l'officier interprète Kellersohn, de la 3e division d'infanterie coloniale, rédigé d'après les témoignages des prisonniers, indique bien les projets des Allemands et de quelle façon ils entendaient triompher :

Les officiers (boches) donnent à leurs hommes les dernières nouvelles de l'offensive du kronprinz et leur découvrent les intentions du commandement. Les masses allemandes dévalent vers la Marne. A l'ouest de Reims, une autre division attaque pendant que la leur attaquera à l'est de la ville; celle-ci va être encerclée, et la Montagne de Reims tournée. Les Français terrorisés ne résisteront pas.

Reims, disent les prisonniers, en faisant un geste du pouce et de l'index, sera pris dans une pince. Dans la nuit du 31 mai au 1er juin, les derniers renseignements confirment que le principal effort imminent de l'ennemi portera contre le pilier est de Reims.

La 3e division d'infanterie coloniale, sous les ordres du général Puypeyroux, y fait bonne garde, et cependant, elle ne met en ligne que des effectifs singulièrement réduits, puisqu'elle a dû détacher quatre de ses bataillons et plusieurs groupes d'artillerie en renfort envoyés à l'Ouest. Elle tient un front de huit kilomètres, de Reims-sud à Prunay, avec quatre bataillons des 7e, 23e et 24e régiments, deux groupes de 75, deux groupes de 155 et quelques batteries. Elle dispose de l'escadrille d'avions 260.

A la date du 1er juin, le commandant d'armée vient à peine de prendre possession de son poste; nous avons dit quel est alors l'état d'esprit des quartiers-généraux de Montmort et d'Avize. Mais le général Mazillier, à Tauxières, où il réside depuis plusieurs mois, connaît mieux que personne l'état réel de la ville et aussi la valeur des troupes qui la  défendent.

Sa confiance demeure donc inébranlable. Il n'abandonnera Reims qu'à la dernière extrémité et seulement s'il reçoit un ordre formel. Il n'ignore cependant pas quelles forces l'ennemi a groupées (1).

L'attaque est montée avec des moyens matériels puissants et combinée avec une opération non moins vigoureuse sur le versant ouest de la Montagne, vers Vrigny et la cote 240. Von Below a résolu d'engager toutes ses ressources disponibles. A l'assaut de la Pompelle marcheront 8 bataillons d'infanterie soutenus par 15 chars d'assaut. Ordre d'enlever la première position française entre Reims et Sillery, jusqu'à la Vesle et d'exploiter ce succès aussi complètement, aussi loin que possible afin de « prendre Reims dans la pince ».

De notre côté, à leur poste de combat, un

(1) Les troupes d'attaque le 1er juin 1918, comprennent :

a) *Infanterie.* — 1 bataillon du 73e Rt de réserve; 3 bataillons du 463e R. I.; 3 bataillons du 465e R. I.; 1 bataillon du 464e R. I.

b) *Génie.* — La 368e Cie des pionniers a fourni un détachement de 8 hommes par compagnie d'attaque.

c) *Chars d'assaut.* — 1er, 13e et 14e détach. de chars d'assaut. Le bataillon d'assaut n° 1 fournit 3 détachements de 25 hommes.

d) *Troupes spéciales.* — Chacun chargé spécialement de l'attaque du fort de la Pompelle.

bataillon du 23e colonial, un du 7e s'étendent des abords de la ville à la Pompelle ; le 2e bataillon du 21e est maintenu dans le fort où, quelques semaines plus tôt, il fit si courageuse et utile besogne. A l'extrême droite, c'est un bataillon du 24e qui garnit les tranchées jusqu'au secteur de Prunay.

Les troupes françaises, en raison de l'absence de nombreux permissionnaires, sont à effectif réduit.

Derrière elles, en profondeur, il n'y a pas de réserves à proximité ; l'ennemi heureusement ignore cette situation d'infériorité.

Repousser le Boche, ou mourir sur place, tel est l'ordre formel donné aux bataillons.

Nous empruntons au rapport inédit du 1er corps colonial le récit très vivant de la journée mémorable :

La seconde attaque sur la Pompelle est la plus violente. Elle ne se présente plus, comme celle du 1er mars 1918, sous la forme d'un très gros coup de main, c'est bien cette fois une attaque régulièrement montée avec des moyens matériels très puissants et exécutée en liaison avec une opération menée sur la Montagne de Reims vers Vrigny et la cote 240. Les Allemands en attendent les plus beaux résultats, car les deux attaques simultanées doivent permettre de « prendre Reims à la gorge...»

L'objectif donné aux assaillants est d'abord l'enlèvement de la première position française jusqu'à la Vesle entre Reims et Sillery, puis, exploitant ce premier succès par une nouvelle attaque combinée avec l'opération de la cote 240, les « éléments qui tiennent encore près de Reims doivent être coupés par une attaque à l'ouest et à l'est de la ville...» (Ordre d'attaque par les tanks.) Du côté français, c'est encore le 2e bataillon du 21e régiment d'infanterie coloniale qui tient la Pompelle, le même bataillon qui a si brillamment repoussé la première attaque il y a trois mois. Plus à l'est, la défense est assurée par le 24e régiment d'infanterie coloniale (un bataillon), à l'ouest les premières lignes sont défendues par un bataillon des 23e régiment d'infanterie coloniale et 7e régiment d'infanterie coloniale.....

A 1 h. 30, dans la nuit du 31 mai au 1er juin, le bombardement se déclenche brusquement sur tout le front de la 3e division d'infanterie coloniale; il prend à partie la première position et la position intermédiaire avec les gros calibres, le bombardement à ypérite est dirigé sur les batteries et sur certains points comme Puisieulx et Sillery où l'ennemi croit nos réserves cachées pendant que l'artillerie lourde G. P. bombarde les cantonnements de l'arrière et interdit la route Mailly-Villers-Allerand. La réponse ne se fait pas attendre et le général Puypeyroux fait déclencher les contre-préparations offensives préparées par l'A. D/3.

Vers 15 heures, le tir de l'artillerie se concentre sur le fort, les bastions et les ouvrages qui étayent sa défense à l'est et à l'ouest. Le fort disparaît encore une fois dans un nuage de fumée et de flammes, comme au 1er mars, et, à 16 h. 15, l'infanterie ennemie débouche de ses tranchées et s'élance à l'assaut de notre première position. Elle s'empare de la parallèle de surveillance qui, conformément au plan de défense, a été évacuée, mais s'arrête un moment devant la résistance acharnée opposée sur la parallèle principale de résistance. Le terrain est complètement bouleversé, les réseaux de fils de fer sont écrasés et vers 5 h. 45 l'ennemi peut pénétrer à l'ouest du fort dans les ouvrages dits de Lisieux. A la même heure une seconde vague ennemie escortant des chars d'assaut déferle sur la Pompelle et plus à l'ouest sur le centre de résistance de la Jouissance.

A l'est, sur le front tenu par le 24e régiment d'infanterie coloniale, les mitrailleurs sortent leurs pièces de la tranchée et tirent sur les trois tanks qui se présentent devant eux. Deux chars sont immobilisés et l'un d'eux prend feu; le troisième fait demi-tour; mais, au moment où il rentre dans ses lignes, l'artillerie le met hors de combat.

Sur le centre de résistance de la Pompelle, les tanks pénètrent dans la position. La 5e compagnie, à droite du fort, et la 7e à gauche sont ramenées sur le chemin de fer au nord du canal.

La 6e compagnie garde inviolés les bastions nord. Les groupes de combat ne se laissent pas entamer. L'aspirant Berlié tombe mortellement frappé au milieu de ses soldats. Mais, à 6 heures, comme l'ennemi déborde le fort par le sud, la garnison s'enferme dans l'ouvrage et enferme avec elle ses prisonniers allemands. Le capitaine Guillerat, qui commande la Pompelle, pour arrêter les progrès et les tentatives boches, fait sauter les sorties sud de la galerie reliant le fort à la tranchée.

A gauche, l'infanterie de von Below, accompagnée par deux chars d'assaut, parvient jusqu'au canal et commence à pénétrer dans Saint-Léonard. Il est 6 h. 40. L'aviation signale, à ce moment, que tous les autres tanks sont en retraite, immobilisés ou détruits.

Automatiquement, les contre-attaques françaises débouchent et l'infanterie se lance sur l'ennemi en liaison parfaite avec l'artillerie d'appui et l'aviation qui survole nos troupes, à peine de 300 mètres.

A l'est, le 24e régiment d'infanterie coloniale réoccupe presque immédiatement sa ligne de surveillance et fait 8 prisonniers dont 1 officier.

Au centre, le 21e régiment d'infanterie coloniale lance deux contre-attaques. Le lieutenant-colonel Le Boulanger, commandant le régiment, se jette lui-même en tête de la colonne de droite et, par son attitude crâne et son ardeur à la lutte, il entraîne ses hommes qui très brillamment refoulent les Allemands. L'ouvrage de Crimée, le bois Long, la tranchée de Malwa sont successivement repris.

La colonne de gauche du 21e régiment d'infanterie coloniale sous les ordres du capitaine Rémond progresse difficilement, car elle est prise sous le feu des mitrailleuses d'un tank allemand immobilisé dans l'ouvrage de Lisieux. Le lieutenant-colonel Le Boulanger fait amener un canon de 37 et tirer sur le tank. Les coups portent au but et les défenseurs du tank s'enfuient par le boyau Micheler. A 12 heures l'ouvrage de Lisieux reste entre nos mains, les défenseurs de la Pompelle sont dégagés, la parallèle de résistance est réoccupée; mais pour rétablir complètement la situation, il va falloir livrer un combat de boyaux acharné, tout l'après-midi.

Entre Reims et la Pompelle le 23e régiment d'infanterie coloniale fléchit sur sa droite, les Allemands atteignent le canal et essayent encore de s'infiltrer le long de la voie ferrée pour occuper Saint-Léonard.

Le lieutenant Besnard qui commande la 10e compagnie contre-attaque avec énergie le long de cette voie ferrée et pénètre dans l'ouvrage dit de Lisieux par l'ouest en même temps que les colonnes de contre-attaque du 21e régiment d'infanterie coloniale qui viennent de l'est et du nord-est.

Pendant ce temps, à l'ouest du 23e régiment d'infanterie coloniale, le 7e régiment de même arme a opposé une énergique résistance aux assauts ennemis et a réussi à briser l'attaque sur sa parallèle de résistance.

Contre-attaquant immédiatement, le bataillon de première ligne lance ses sections vers la parallèle de surveillance et la réoccupe en faisant de nombreux prisonniers. La contre-attaque est menée avec un entrain et une rapidité telles qu'un détachement infime, celui du caporal Boutelaut, s'empare par surprise d'un officier, de 23 hommes et de 2 mitrailleuses.

En résumé, les contre-attaques sur tout le

front de la 3e division d'infanterie coloniale réussissent; avant midi, nos soldats ont chassé le Boche de la parallèle de résistance; mais l'ennemi occupe encore, à la Pompelle et devant la ferme de la Jouissance, la parallèle de surveillance.

Les Allemands nombreux, appuyés par des mitrailleuses installées à la Jouissance et à l'ouvrage de l'Allée noire, protégés par leur artillerie lourde qui tire sans relâche sur la parallèle de résistance, refusent de se rendre. Il faut employer la grenade incendiaire pour les réduire. Cette résistance électrise nos hommes. L'adjudant Balay blessé mortellement dit à ses soldats : « Laissez-moi, j'ai mon compte, continuez à attaquer. » Aussi peu à peu, sous l'élan des compagnies du 23e régiment d'infanterie coloniale, la résistance ennemie est-elle brisée et à 18 heures toute la position intégralement réoccupée.

Ce récit indique suffisamment l'ardeur apportée à la lutte chez les adversaires et quelles qualités de volonté et d'énergie les coloniaux ont dû mettre en œuvre pour briser l'attaque allemande et pour la rejeter ensuite dans ses positions de départ. Pendant toute cette journée du 1er juin, dans tous les régiments, le moral fut particulièrement élevé et le cri qui échappa au soldat Côme, de la CM/3, du 23e régiment d'infanterie coloniale, en voyant les chars d'assaut allemands, est symptomatique de la belle humeur et du moral très élevé de ces braves. Ce soldat, voyant les tanks déboucher des lignes allemandes les désigne à ses camarades en s'écriant : « Tiens, voilà qu'ils attaquent avec leurs roulantes. »

Les bataillons du 24e, du 21e, du 23e et du 7e colonial ont rivalisé d'ardeur pendant toute la lutte, et s'ils ont eu 45 des leurs tués 130 blessés e: 100 disparus, ils ont fait payer chèrement à l'ennemi sa tentative malheureuse. Sept tanks sur quinze ont été mis hors de combat et abandonnés; trois d'entre eux sont dans nos lignes, trois autres gisent inertes dans le *No man's land*, un dernier est resté dans les lignes allemandes; plus de 200 cadavres ennemis sont étendus sur nos positions, 230 Allemands dont 7 officiers sont nos prisonniers et 30 mitrailleuses ainsi que de nombreux fusils restent entre nos mains. C'est un splendide succès...

Partout, dit l'Historique de la 3e division coloniale, « les défenseurs résistèrent sur place, chacun à son poste, sans regarder en arrière ». L'artillerie, l'aviation et le génie s'employèrent sans compter pour faciliter la rude tâche de l'infanterie.

A l'ouest de Reims, à la cote 240, où commande le général Naulin, son second, le général Nogues rassemble cinq bataillons d'infanterie coloniale, dont deux bataillons sénégalais, deux groupes d'artillerie de 75 et une batterie de 155.

Dès le matin et jusqu'au soir, l'ennemi bombarde le front qui va du faubourg de Vesle à Ormes et à Vrigny, parallèlement à la route de Dormans. Les chemins, les ravins sont battus par obus toxiques.

L'infanterie ennemie ne sort de ses trous qu'à 19 heures 40, précédée de mitrailleuses. En 20 minutes, elle réussit à emporter, non sans peine, ni sans pertes graves, la première ligne des coloniaux; mais de puissantes et audacieuses contre-attaques la refoulent, disputent à l'arme blanche et à la grenade le terrain conquis, mettent en fuite les Allemands et les poursuivent jusqu'à trois cents mètres au delà de nos tranchées. Le sol reste couvert de cadavres et de blessés abandonnés.

Admirable exploit, justement célébré dans le rapport émouvant du général Nogues :

Malgré le chiffre élevé de nos pertes, malgré une

semaine de combats incessants, sans sommeil et sans repos, inébranlables sous un bombardement d'une violence inouïe, tous les éléments en ligne... se jettent d'un commun élan, la baïonnette haute sur un ennemi supérieur en nombre et arrêtent sa marche jusqu'à la victoire.

La bravoure, à ce degré s'appelle héroïsme.

A l'intérieur de Reims, la 134e division d'infanterie du général Petit subit, depuis le 30 mai, un tir d'obus toxiques qui rend intenables les observatoires; notre artillerie riposte, mais trop faiblement. Il faut, en effet, ménager les munitions, dans une région où les ravitaillements deviennent difficiles, et bientôt à peu près impossibles à l'extrême avant.

Les 100e et 65e garnissent les positions au nord et au nord-est. Le 63e tient la butte Pommery au sud-est. Le chef de bataillon Dewastre commande cette zone qui forme réduit suprême.

Dans le cas où céderaient les piliers ouest et est, la 134e division doit se retirer derrière la Vesle, où sont déjà rappelées les compagnies de territoriaux mitrailleurs de position.

Ceux-ci, raconte l'Historique du 63e, avant d'abandonner les abris depuis longtemps occupés par eux, « sacrifient les cochons, les lapins qu'ils élevaient et ils distribuent aux camarades de l'active les morceaux les plus savoureux. Les gendarmes eux-mêmes abandonnent la ville. — Quand un bâtiment va crouler, dit un plaisant, les rats déménagent. »

Ces sages précautions ordonnées, le général Mazillier rappelle à la garnison de Reims, comme aux troupes du corps colonial qu'elles ne doivent désormais pas battre en retraite d'une semelle, sans ordre :

« On se rendra compte que l'infiltration boche est un bluff qui peut et doit se retourner contre l'ennemi, et que tout repli coûte trois fois plus cher à une troupe que la résistance la plus dure sur place. »

Le général formule ces observations précises :

« Nos bataillons, trop habitués à la guerre de tranchée, ont trouvé devant eux une infanterie manœuvrière qui a tiré profit de tout ce qui était favorable. Les blés et les seigles, très hauts en fin de mai, sont des couverts propices pour une progression, et le terrain mouvementé, avec des bois nombreux, se prête admirablement à la tactique adoptée. L'infiltration est lente, homme par homme, et l'appui de l'artillerie de campagne se fait à très courte distance.

« ...L'infanterie allemande est très riche en mitrailleuses légères et lourdes. Les unités de tête, munies de mitrailleuses trouvent un passage libre et menacent le flanc ou le derrière de la défense... Les bataillons de celle-ci se croient tournés et reculent.

« Cette méthode de progression allemande a provoqué chez certaines de nos troupes peu familiarisées avec elle, une manie de repli dangereuse. Heureusement, les hommes ont vite été repris par leurs chefs, ils ont riposté par contre-attaques spontanées. Or les Allemands répugnent à l'abordage. En face de défenseurs résolus, ils s'arrêtent et refluent. »

A la 134e division d'infanterie, comme aux 2e et 3e coloniales, la consigne est entendue et strictement observée. La journée du 1er juin, journée d'explosions et de détonations infernales, se termine donc heureusement. Nulle part nos lignes ne sont rompues. Reims demeure inviolée, infranchissable; ses deux piliers d'accès restent debout.

Les Allemands qui se croyaient assurés du succès, l'escomptaient, on le sait, bruyam-

ment. Leurs journaux vendaient même un peu
tôt la peau de l'ours :

Les cloches, écrit Rudolf Herzog dans la *Badis-
che Landes Zeitung*, ne sonneront plus dans la
basilique aux deux tours. Finie la bénédiction.
Nous avons fermé à Reims, avec du plomb, la
boutique d'idolâtrie.

Reims n'est pas seulement considéré comme
un point stratégique important. Reims repré-
sente dans le passé par ses traditions, une des
forces françaises. Reims demeure une puissance
morale dont la résistance contribue à maintenir celle de la nation. Il faut donc l'abattre.
Pour que les Allemands de l'intérieur prennent patience, le général Von Dardenne, critique militaire officieux du *Berliner Tagblatt*,
annonce que l'investissement de Reims se
poursuit et que bientôt il deviendra une réalité :

Ce ne sont pas les Français qui combattent à
Reims, dit-il, mais la France a confié la protection
de l'ancienne cité du couronnement et de la vénérable cathédrale à des soldats bruns et noirs. Les
Allemands ont voulu épargner Reims, ils ont voulu
épargner la ville dans leurs attaques, ils encerclent

maintenant Reims de trois côtés ! Mais les Français se cramponnent à ce coin de terre qui n'a aucune valeur tactique et stratégique, car les collines qui entourent la ville surmontée de forts sont presque entièrement aux mains des Allemands.

Les vandales criaient trop tôt victoire. Il leur fallut donc, après l'échec complet du 1er juin, expliquer et essayer d'en atténuer l'impression en Allemagne, et, pour cela, contester la victoire française.

L'explication, à la fois cynique et embarrassée, tentée par un communiqué militaire de l'Agence Wolff, est à citer comme un spécimen de mauvaise foi :

Au lieu d'évacuer la ville, les Français déterminent ainsi sa destruction complète et la sacrifient sans scrupules. Il est vrai que la défense de Reims ne coûte aucune goutte de sang français : ce sont des nègres que l'on sacrifie pour une vaine question de prestige. Les pertes des noirs sont énormes. Enivrés par les provisions de vin et d'eau-de-vie de la grande ville, ayant devant les Allemands et derrière les mitrailleuses des Français blancs, les nègres du Sénégal, de Madagascar et de la Martinique occupent les tranchées autour de Reims; allant à une mort certaine, ils se défendent désespérément. La grêle d'obus des groupes d'artillerie allemande sévit d'une manière effroyable sur les positions. On les voit parcourir en tous sens leurs tranchées d'une façon désordonnée. Ils n'ont aucun moyen de fuite. Ils n'osent pas passer à l'ennemi, car on leur a assuré que les Allemands martyrisent leurs prisonniers jusqu'à ce qu'ils meurent. Leurs pertes deviennent toujours plus lourdes. Dans un étroit élément de tranchée vers le Château de la Malle, pour 100 morts nous n'avons fait que 4 prisonniers. Tous les noirs portent le coupe-coupe, le grand couteau de combat. Malheur aux Allemands qui tombent entre leurs mains. Cependant les nègres sont traités par les Allemands comme les autres prisonniers. La masse des nègres tués par le bombardement de l'artillerie rappelle les hécatombes de Russes sur le Stockold vers Tarnopol. Les cadavres gisent ici par milliers. La grande cité française est en flammes et pourtant le radiogramme français annonce au monde : « Nous tenons Reims ! »

Oui nous pouvions fièrement proclamer : *Nous tenons Reims* ! Le langage de colère de l'officieuse gazette boche n'était que fanfaronnade et mensonge. Prouvons-le :

Sur 54 bataillons engagés, à la date du 1er juin dans le combat, les Allemands n'ont rencontré devant eux à Reims que six bataillons noirs du 1er corps colonial et six bataillons algériens de la 45e division. Tous les autres étaient métropolitains.

Quant à l'investissement de Reims, les attaques déchaînées pour le compléter avaient nettement échoué. L'ennemi, contenu à droite et à gauche de la route d'Épernay, s'était arrêté.

« Mais, dit le rapport du général Mazillier, l'effort demandé à tous pendant ces journées du 27 mai au 2 juin a presque atteint la limite des forces humaines. Chefs et soldats, coloniaux et métropolitains, troupes d'Afrique et artilleurs ont fait preuve, pendant ces journées angoissantes, d'un sentiment du devoir si élevé, d'une bravoure et d'un dévouement si hauts que le général Nogues, pour qualifier leur belle conduite, n'hésite pas à écrire le 4 juin que la bravoure à ce degré s'appelle l'héroïsme, et qu'à de tels hommes on peut tout demander.

« On leur a, en effet, beaucoup demandé, puisque toutes les unités du corps d'armée ont été engagées et qu'il leur a fallu improviser de toutes pièces entre la cote 240 et Reims un nouveau front de défense de 15 kilomètres sous des bombardements incessants et malgré les attaques réitérées de l'ennemi très supé-rieur en nombre. »

L'importance de la journée du 1er juin ré-sulte du récit même des opérations et de leur suite. Le corps colonial, la 134e division et les éléments engagés de la 45e avaient héroïque-ment démontré que la ville de Reims n'était pas, comme le croyaient les pessimistes, irré-médiablement condamnée et que la défense dans les ruines restait possible.

Le général en chef des armées alliées, Foch, maintenant surtout que la grande partie se joue, exprime sa manière de voir, conforme aux principes qu'il a toujours professés :

« *Victoire égale volonté. La victoire va à ceux qui la méritent par la plus grande force de vo-lonté.*

« Il veut que ses commandants d'armée, ses exécutants, comme il dit, aient les yeux fixés sur le chef d'orchestre. Il veut que chacun « entre franchement dans la pensée, dans les « vues de ce chef qui a ordonné et qu'on prenne « tous les moyens praticables pour lui donner « satisfaction (1). »

_______________

(1) *La Bataille de France*, par Madelin.

Dès le 2 juin, le général Micheler, conformément aux instructions reçues du Grand Quartier Général, mande à la V<sup>e</sup> armée :

Le front actuellement occupé par l'armée *doit être maintenu à tout prix*. Non seulement toute idée de retraite doit être écartée; mais il est essentiel que tous soient persuadés que des offensives partielles et des ripostes immédiates, organisées contre un ennemi fatigué et affaibli par sa progression, peuvent seules être fructueuses et enrayer définitivement ses progrès. Les dernières actions du corps colonial qui lui ont permis de maintenir l'intégrité de son front viennent de le prouver.

*Par ordre du général en chef, Reims doit être défendu et conservé à tout prix.*

Ce même jour, 2 juin, l'artillerie allemande, pour venger la défaite de la veille, accomplit furieusement des tirs de destruction sur les villages de la Montagne de Reims jusqu'à Tauxières et Louvois. Elle massacre des femmes et des enfants.

# LES ASSAUTS DU 18 JUIN

# IV

Après une semaine de combats, qui avaient exigé de continuels mouvements de troupes et de matériel d'un secteur dans l'autre, autour de Reims, en vue de remédier au plus pressé, il importait de rétablir beaucoup d'ordre dans les unités souvent confondues des 134e et 45e divisions et du corps colonial. Le général Mazillier dut y pourvoir d'urgence.

L'ennemi, à n'en pas douter, ne renoncerait pas, en effet, à attaquer Reims; personne ne se faisait à ce sujet d'illusion sur ses intentions, quelle que fût la déception causée au quartier-général allemand par le sanglant échec du 1er juin.

Dès le 3, il manifestait ses projets par des mouvements non équivoques. Notre aviation et les observatoires de la montagne signalaient de nouveaux établissements de batteries et des agglomérations d'infanterie à proximité.

Le 6 juin, les Allemands tâtent le terrain à l'ouest, dans la région de Bligny. Ordre d'attaque : pousser droit en avant, sans se préoccuper des foyers de résistance laissés en arrière ou sur les flancs.

Deux régiments frais reçoivent pour mission spéciale d'enlever la cote 240.

Le carnet de route d'un lieutenant fait prisonnier, traduit par un interprète du corps colonial, porte :

« 7 juin. — Les Français ont renforcé leur artillerie, nous nous préparons à une nouvelle attaque. Nous avons de formidables dépôts de munitions : 14 mortiers de 42 participeront à la bataille pour enfoncer les caves de Champagne...

« ...Je crois que Reims doit être nivelé complètement. »

Nous tenons aujourd'hui de Ludendorf lui-même l'aveu de ses plans, et de l'importance considérable qu'il attachait à l'occupation de Reims.

Il écrit, à propos des journées de mai et du 1er juin, dans ses *Souvenirs de guerre* :

Il était défavorable pour nous, au point de vue stratégique, que nous n'eussions pu arriver à prendre Reims et à continuer à pousser nos armées sur ce terrain accidenté.

Le centre de la VII<sup>e</sup> armée continua donc à ne disposer pour son ravitaillement que de la ligne de chemin de fer qui, venant de la vallée de l'Aisne, entre à l'ouest de Soissons dans la vallée de la Vesle. Pour rendre l'exploitation indépendante de tout incident on fit construire plus à l'est une seconde courbe entre les deux vallées. Au sud de l'Aisne on ne put établir d'autres lignes à double voie à cause des trop grandes difficultés que présentait le terrain. Il y avait encore une grande ligne qui allait directement de Laon à Soissons par Anizy. Il fallait rétablir au bord de la ville le tunnel entre la vallée de l'Ailette et celle de l'Aisne qu'on avait fait sauter. Le long de l'aile gauche de la VII<sup>e</sup> armée et de l'aile droite de la I<sup>re</sup> courait une voie ferrée d'un mètre d'écartement et des chemins de fer de campagne dont l'emploi nous était d'un grand secours. Il fallait d'abord relier les voies à celles que nous exploitions déjà en traversant les deux systèmes de positions. Les conditions défavorables des voies ferrées conduisirent à utiliser fortement les convois par camions automobiles ce qui aggrava notre situation au point de vue des carburants.

Le haut commandement ennemi devait

donc revenir à la charge. Aucune action sérieuse contre Paris des troupes aventurées dans la poche de Château-Thierry ne lui semblait possible, tant que résisterait la place de Reims.

L'arrêt apparent des opérations à Reims, dit *le Berliner Tagblatt* du 12 juin, est considéré comme inexplicable par beaucoup. La ville, cernée de trois côtés, n'est pas tombée, parce que les troupes allemandes ne l'ont pas encore vigoureusement attaquée.

Il y a dans la ville deux divisions au moins de troupes coloniales abritées dans des caves profondes où l'artillerie et les gaz ne pénètrent pas. Les gaz répandus sur Reims rendraient même pour les Allemands un assaut très périlleux. Les régiments coloniaux sortiraient de leurs abris sans avoir souffert. La lutte serait sanglante, et le commandement allemand tient à ménager la vie de ses soldats.

Mais par des manœuvres habiles, par des assauts donnés au bon endroit, Reims succombera tôt ou tard. Ainsi l'ordonne Hindenburg.

Le général Mazillier n'a reçu d'autres renforts que trois bataillons du 130e d'infanterie venus de la IV^e armée et prêtés par le général Gouraud.

Dans les premiers jours de juin, il établit un nouvel ordre de bataille. Les troupes détachées, celles de la 3^e division coloniale et de la 134^e, rejoignent leurs corps.

Le 43^e régiment d'infanterie coloniale relève à Vrigny les éléments du groupe Nogues. « La 3^e division coloniale présente en ligne deux régiments, ayant chacun un bataillon sur la première position et un bataillon sur la position intermédiaire; le bataillon sénégalais de chaque régiment à l'arrière forme la réserve...

« Le 10 juin, le 21^e à droite P. C., à Puisieulx, commande le sous-secteur Puisieulx-Sillery. Le 23^e, à gauche, commande le sous-secteur Cormontreuil-Taissy. »

Depuis le 9 juin, la violence des bombardements redouble sur la Montagne de Reims; mais nos soldats font toujours bonne garde. L'attaque ne les surprendra pas. Elle se produit le 18 juin, cent troisième anniversaire de la bataille de Waterloo, à 17 h. 30. L'ennemi déclenche un tir intense au nord et à l'ouest de Reims, de la ville à la cote 240, sur toute l'étendue du front. Nos batteries de la Vesle et de la Plaine ne se taisent pas, même sous un feu d'enfer. Bientôt la grosse artillerie se mêle au concert, elle pilonne Reims afin d'en écraser les caves et les abris profonds. La butte Pommery reçoit sa part d'obus.

« Du haut de Pommery, dit l'Historique du 63e, la vue est saisissante. Dans la brume légère, on voit traîner les fumées lourdes des villages incendiés de la plaine. Le Boche est tout près, derrière les lignes de peupliers s'élevant à l'extrémité du faubourg de Paris... Les obus se croisent au-dessus de Reims. Saint-Thierry tire sur nous, aucun camouflage ne nous dissimule à ses vues. Un imposant alignement de saucisses monte la garde en demi-cercle de Berru jusqu'aux pentes dominant Gueux.

« La route d'Épernay, la grande artère qui nous relie à la France, est fréquemment harcelée par des volées de shrapnells. Même dans la noire forêt de Reims la sécurité a disparu...

« La grande partie est engagée; l'ennemi veut enlever Reims : qu'il y vienne ! (1) »

L'artillerie française ouvre aussitôt un feu

(1) *Le 63e au feu*, par le lieutenant Nouaillac, porte-drapeau du régiment.

admirablement dirigé par le colonel Nauges,
« qui actionne les tirs avec une science et une
souplesse remarquables ». Il semble « jouer sur
les batteries comme sur un clavier ». Les liaisons entre les deux armes fonctionnent sans
interruption, de même les lignes téléphoniques sagement et prudemment enterrées.

« Les tranchées ont complètement disparu
sous la nuée de fumée et de poussière. Les
hommes attendent aux portes des abris, sans
entrer dedans, à cause des dangers d'effondrement. Partout, on éternue et on crache
sous le picotement de l'arsine. On a le masque
au cou. Très peu le mettent. On craint de ne
pas bien voir le Boche arriver...

« A 6 h. 50, le tir ennemi s'allonge sur notre
ancienne parallèle principale de bataille. Le
barrage devient si dense aux casernes et au
boulevard Pommery qu'il est impossible de
sortir sans risquer la mort. Un obus de 150
perce la cave où loge le commandant Dégremont et n'explose pas. »

Plus au nord, des groupes d'infanterie
boche s'avancent par les boyaux, le long de la
route de Cernay, par Selecta, en débouchant
du Buisson.

« Ils portent des sacs à terre, des pioches, des cisailles ; ils espèrent franchir aisément les barrages. Ils sont persuadés que nous n'avons pu tenir et que nous sommes prêts à nous replier comme au 29 mai. Ils sont partout reçus par les feux bien réglés des engins de tranchée et par les mitrailleuses (1). »

La 3e compagnie du 63e, un instant encerclée, ayant sa tranchée presque nivelée, refuse de se rendre ; elle se dégage, recule, puis contre-attaque et chasse l'ennemi.

Au nord-est de Reims, les Allemands réussissent à forcer notre défense en quelques points du secteur de Bétheny, particulièrement au cimetière de l'Est, mais sans pouvoir y demeurer.

La bataille cependant n'a pas pris fin dans cette région du Nord et de l'Est

Dans le secteur compris entre les Graviaires et le canal, le lieutenant-colonel Pouzergue du 65e, a élargi nos lignes de défense, du 10 au 18, par une série d'actions hardies. L'ennemi trouve donc vis-à-vis de lui des troupes solides, bien retranchées derrière des fils de fer et qui ne céderont pas un pouce de terrain.

(1) Rapport du corps colonial.

A 20 heures, première attaque sur la gauche. Des groupes ennemis cherchent vainement à progresser par les fossés de la route 31. A droite, d'autres détachements ne réussissent pas davantage. L'artillerie allemande, redouble d'activité, elle allonge son tir, les minens lancent d'innombrables projectiles ; de nouvelles attaques suivent contre le canal et la voie ferrée. Elles sont brisées par le 65e.

Sur la route de Reims à Châlons, l'ennemi s'acharne pour la troisième fois contre la Pompelle ; mais le 21e colonial, surnommé le spécialiste du fort, et le 5e bataillon sénégalais, qui lui est rattaché, ne perdent ni leur sang-froid ni leur confiance.

A 20 heures, l'ennemi concentre brusquement ses feux par obus de gros calibre et par minenwerfer sur la première position entre l'Allée noire et le boyau des zouaves. Ce tir de préparation exécuté par un grand nombre de batteries ; est très violent (1). Il comporte des obus toxiques pour les tirs sur les arrières et les batteries ; ses obus tirés sur la première position produisent en éclatant une lueur rougeâtre et dégagent une fumée très épaisse qui s'étend sur le sol, forme écran et gêne nos

(1) Rapport du corps colonial.

observatoires. A 20 h. 30 notre artillerie exécute une contre-préparation offensive à obus toxiques et à 21 heures l'infanterie ennemie sort de ses tranchées et se porte à l'attaque. Elle se présente devant nos lignes en six détachements de « Stoss-trùppen » et ne trouve rien sur la parallèle de surveillance, car, en exécution des prescriptions du plan de défense, notre infanterie a replié ses petits postes et garni les ouvrages de la parallèle de résistance. L'attaque ennemie est reçue devant cette parallèle, deux détachements de « Stosstrùppen » essaient en vain de contourner le fort de la Pompelle par l'ouest en empruntant le boyau Micheler par l'est en se glissant dans le boyau d'Avignon; ils sont arrêtés net par nos feux d'infanterie; au centre, un détachement prend pied dans la tranchée de Cambrai, où il est maintenu par nos tirs d'infanterie et de grenades V. B.

Plus à l'est, deux « Stosstrùppen » attaquent le saillant du Petit bois. Reçus à coups de grenades, ils se retirent en désordre et abandonnent des cadavres sur le terrain.

Enfin, dans le centre de résistance du Bois des Zouaves, les Allemands réussissent à encercler l'ouvrage du Caucase occupé par une de nos sections. Le Commandant Durand du 5e bataillon croit l'ouvrage perdu et lance une contre-attaque pour reprendre la position, mais l'ouvrage malgré le bombardement intense et le mordant de l'assaillant est énergiquement défendu par le sous-lieutenant Delaforge, et là, comme partout ailleurs, sur le reste du front attaqué, l'ennemi, bousculé par nos contre-attaques, est obligé de se replier et de rentrer en hâte dans ses tranchées de départ.

A 22 heures, la parallèle de surveillance est entièrement réoccupée.

Le fort de la Pompelle et sa garnison de héros a triomphé des assauts furieux des Stosstrüppen et des attaques savantes des ingénieurs et des artilleurs. En vain les Boches ont prodigué leurs obus; en vain, ils ont mis le prix à leur tentative, en vain ils ont modifié leur tactique, instruits par les deux expériences précédentes. Leur effort se brise devant l'héroïsme de nos soldats. La riposte, aussi vive qu'intelligente du commandement français à tous les degrés, complète autour de Reims, dans les trois secteurs, la défaite des assaillants, décimés et déprimés, qui se souviendront de la sévère leçon du 18 juin... Ils n'avaient pas mieux réussi à l'ouest et au sud qu'à l'est. L'infanterie allemande qui s'était infiltrée par le ravin de Thillois, vers le faubourg de Vesles, fut arrêtée par le feu des mitrailleuses de position.

Le rapport du corps d'armée colonial définit ainsi l'affaire du 18 juin, en la comparant aux précédentes :

« L'attaque du 1er mars est un gros coup de main, cherchant uniquement l'enlèvement du fort ; celle du 1er juin a les visées plus hautes, et à la manière des deux mâchoires d'un étau, a pour but d'étrangler la défense et de s'emparer de la ville ; celle du 18 juin a l'allure d'un coup de force, où, à la faveur d'un choc violent, obtenu à l'aide d'un pilonnage d'artillerie aussi rapide que brutal, l'infanterie ennemie tâte partout son adversaire et s'efforce de trouver ses points faibles pour s'y enfoncer. »

Dans la journée du 18 juin, constate, de son côté, l'Historique de la 3e division coloniale, l'infanterie ennemie ne montre pas le mordant dont elle avait fait preuve aux combats précédents. « Elle ne tient pas devant nos contre-attaques. »

Les prisonniers interrogés déclarent que leurs camarades en ont assez, qu'ils avaient espéré fermement la victoire et la paix, après les combats du 27 au 29 mai. « C'était le grand coup, le dernier à tenter. Chacun y avait mis du sien ; mais il n'avait pas déterminé les alliés à mettre bas les armes. Dans ces conditions l'Allemagne ne se faisait plus d'illusions ; elle ne gagnerait pas la guerre. »

De notre côté, au contraire, le succès exalte les esprits. Les soldats, fiers d'eux-mêmes, s'enorgueillissent d'appartenir à la garnison de Reims. Ils se plaignaient souvent d'être trop ignorés ; mais le communiqué du 19 juin leur rend enfin justice. Les régiments vainqueurs méritent les citations les plus élogieuses : « ils ont repoussé un assaut concentrique mené des deux tiers de l'horizon. »

Aux tranchées, dans les postes de cantonnement, dans les débris de la ville, c'est grande réjouissance. Mais il faut réparer au plus vite les brèches ouvertes par l'artillerie ennemie, il faut aussi pousser, évacuer les blessés et les nombreux intoxiqués.

« Nous voyons arriver, dit un combattant, au poste de secours, une file trébuchante d'aveugles silencieux ou gémissants, se tenant par l'épaule ou par le pan de la veste...

« Ils n'ont pas mis le masque, ne voulant pas être gênés pour tirer. Ils n'ont même pas discerné l'odeur de la moutarde dans la fumée des explosifs. Ils n'ont pensé qu'à la chose essentielle : empêcher le Boche de passer. Ils sont ensuite rentrés dans leur abri et se sont couchés, se livrant, sans le savoir, aux vapeurs délétères. »

Dès le lendemain reprend la vie de siège normale : opérations de relève; coups de main, embuscades, travaux de terrassement, corvées, ravitaillement, déplacements de batteries.

Le Président du Conseil, le grand animateur Clemenceau, devait bien une visite aux glorieux défenseurs de Reims; il la fit et il exprima à nos poilus l'admiration de la France.

« Ces marques de sympathie et de confiance, — disait, en s'adressant à la 134e division, le général Petit, de la part de l'homme énergique qui avait la charge écrasante de conduire, à 77 ans, les destinées de la Patrie, — nous inciteront davantage encore à mériter jusqu'au bout la réputation d'*as* qui conserveront la vieille cité française contre tous les assauts, si formidables soient-ils. »

Foch ne manque pas de noter fin juin que le moral des nôtres est supérieur à celui de l'ennemi qui perd la foi en sa victoire et en ses chefs :

« Les opérations offensives de détail menées durant ces dernières semaines sur le front des armées alliées ont permis de constater que les Allemands maintiennent en ligne des troupes fatiguées, incomplètes ou de mauvaise qualité, afin de constituer une masse de manœuvre avec des troupes de choix, entraînées et bien pourvues en hommes. C'est une faiblesse dont il faut profiter sans aucun retard pour entreprendre des offensives importantes. »

# L'ÉCHEC
## DE LA DERNIÈRE OFFENSIVE ALLEMANDE EN JUILLET

## V

Dans la seconde quinzaine de juin 1918, non seulement à Reims, mais sur tout le front, les grandes offensives allemandes se ralentissent, hésitent, essoufflées, contenues par les troupes alliées dont le moral s'affirme de plus en plus solide.

De notre côté, les effectifs se relèvent dans des proportions inespérées, à mesure que débarquent en France les contingents américains. De l'autre, au contraire les dépôts ne suffisent plus à réparer les pertes, à combler le déficit en hommes. Plusieurs contre-attaques heureuses de nos troupes sur le Matz et à l'ouest de Soissons inquiètent à juste titre le haut commandement allemand.

Celui-ci ne ferme plus les yeux à la réalité; il compte les milliers d'hommes qui débarquent chaque jour d'Amérique et d'Angleterre en France; il n'ignore pas que Foch manœuvrera dans quelques semaines avec une supériorité numérique sans cesse croissante. Tergiverser plus longtemps, attendre, c'est renoncer à la victoire. Ludendorf espère encore qu'un coup décisif la lui donnera, à la condition d'être porté avec un luxe inouï de moyens matériels et de précautions et dans la région la mieux choisie :

« Ou, abandonnant le projet d'une bataille vers Paris, l'ennemi reviendrait à son plan primitif de la bataille vers la mer : et c'était alors une nouvelle offensive du prince Ruprecht de Bavière, et de son groupe d'armées sur le front britannique, en direction de Calais, de Boulogne ou d'Abbeville ;

« Ou, n'ayant pas réussi, du 9 au 11 juin, à élargir à l'ouest, par la conquête de la ligne Compiègne-Villers-Cotterets-Château-Thierry, le formidable saillant creusé jusqu'à la Marne, l'état-major allemand tenterait de l'élargir à l'est pour se donner de l'air, tandis que serait ainsi constituée une base de départ favorable pour la reprise du mouvement dans la direction de Paris (1). »

(1) *La Bataille de France*, par Louis Madelin, page 121.

Ludendorf, entre les deux alternatives qui s'offraient à lui, choisit la seconde : offensive en Champagne, à l'ouest et à l'est de Reims, de Château-Thierry à l'Argonne. Il s'explique dans ses *Mémoires* sur la décision arrêtée d'accord avec Hindenburg et le kronprinz :

« L'attaque près de Reims, dit-il, était une opération logiquement conçue. Nous l'entreprîmes avec la ferme conviction qu'elle réussirait inévitablement. Dans les dernières batailles qu'avait livrées le groupe d'armées du kronprinz allemand, l'armée s'était aussi bien battue qu'on pouvait l'espérer d'une armée ayant un caractère de milice. Les troupes se montraient supérieures à l'ennemi, quand on savait les employer conformément à leur caractère propre.

« La plus grande partie des réserves ennemies se trouvait dans l'arc décrit par la XVIIIe et par la VIIe armée, dans la direction de Paris; par contre, de Château-Thierry à Verdun, le front était faiblement garni. Le haut commandement se décida encore une fois à attaquer là où l'ennemi était faible. Il se proposa donc d'attaquer, au milieu de juillet, des deux côtés de Reims. Cette offensive devait en même temps améliorer les communications arrière de la VII<sup>e</sup> armée entre l'Aisne et la Marne. »

Le maréchal Hindenburg insiste plus nettement encore sur le but de l'opération : faire tomber la résistance de Reims :

Notre situation dans le saillant de la Marne, à la fin des combats de juin, donnait l'impression d'une œuvre incomplète, inachevée. Nous ne pouvions songer à demeurer encore longtemps dans cette situation. Le ravitaillement de ce vaste demi-cercle se faisait dans des conditions défectueuses... Nous ne disposions que d'une voie ferrée, et encore était-elle à faible rendement. Il faut ajouter, en outre, que la forme saillante de notre front invitait l'ennemi à attaquer de tous côtés.

*Nous ne pouvions améliorer sérieusement nos conditions de ravitaillement et notre situation tactique qu'en nous emparant de Reims.* Nous n'aurions pas réussi à mettre la main sur cette ville au cours des combats de mai et de juin. A cette époque, nous avions appliqué le centre de gravité de notre effort surtout dans la direction de l'ouest. Il en résultait que la prise de Reims devait maintenant faire l'objet d'une opération spéciale. (1)

(1) *Aus meinen Leben* (*Ma vie*) par le feld-maréchal Hindenburg. Traduction par le capitaine Kœltz de l'Etat-major (pages 325 et suivantes).

De même qu'à la veille du 18 juin, la presse allemande proclamait donc la chute inévitable et prochaine de Reims, déjà considérée comme enlevée à l'armée française, et où celle-ci, écrivait le général von Ardenne, dans le *Berliner Tagblatt*, « ne maintenait que des troupes sacrifiées afin de retarder la réaction de l'opinion française en faveur de la paix ». L'Allemagne, une fois de plus, commettait une grossière erreur de psychologie.

Au quartier-général français, se préparait au contraire une terrible riposte.

« Dès le mois de juin, l'état-major du groupe d'armées Fayolle avait soumis au général Pétain un ensemble de mesures qui, avec quelques modifications, avait été adopté: proposé au général commandant les forces armées alliées, il avait été par lui agréé, l'imposant à toutes ses armées, il le marquait de sa forte griffe. Après avoir, pièce par pièce démontré la méthode d'attaque brusquée... le général en chef prescrivait d'éventer la surprise par la recherche acharnée du renseignement et de faire trébucher l'attaque, préalablement démasquée, par l'occupation solide de la seconde ligne, dès le début de l'action. *Mieux vaut envoyer des effectifs à temps, c'est-à-dire avant l'attaque, que d'en envoyer davantage plus tard.* Si l'ennemi est parvenu à pénétrer assez profondément pour faire brèche, le commandement s'appliquera, avant tout, *à endiguer l'ennemi sur les flancs de sa progression initiale;* ainsi on sera en mesure de limiter en même temps la profondeur de l'attaque, puisqu'une progression ne saurait être profonde, si elle est maintenue étroite. Alors, seulement, pourra-t-on procéder aux contre-attaques de flanc, notamment *en faisant bloc de toutes les troupes restées disponibles, de part et d'autre de la brèche.*

« Ainsi l'ancien commandant de l'École de guerre indiquait-il à ses lieutenants, en vue de la future offensive allemande, tout à la fois ce que lui inspirait sa stratégie et ce qui devait fortifier leur tactique (1). »

A Reims, peu d'incidents de combat, pendant la période qui va du 20 juin au 14 juillet; mais les bombardements quotidiens tuent ou rendent indisponibles plus de 1.800 de nos soldats. Les émissions de gaz sont particulièrement redoutables.

(1) *La Bataille de France,* pages 141 et suivantes.

Le saillant de Reims en est empoisonné. L'ennemi peut, du reste, suivre les moindres mouvements de nos troupes et les contrarier, puisqu'il occupe encore les observatoires incomparables de Saint-Thierry, de Brimont et de Berru.

Cependant, grâce à des coups de main nombreux, grâce à notre aviation et au perfectionnement des services d'information, l'état-major français réunit des renseignements aussi concordants que précis et détaillés sur les projets de Ludendorf, sur les aménagements de l'arrière boche, sur le nombre des batteries, sur les concentrations qu'il opère.

D'autre part, le centre des renseignements de Rechézy (1) avait transmis au G. Q. G. un rapport précieux, œuvre d'un Alsacien, officier malgré lui dans l'armée allemande, qui donnait les informations les plus sûres et les plus précises sur les projets d'offensive de l'ennemi en Champagne, à l'ouest et à l'est de Reims, vers Épernay et vers Châlons.

A la V⁰ et à la IV⁰ armées françaises, le

_______

(1) Ce bureau très important, à la frontière d'Alsace et de Suisse, était sous les ordres d'un Strasbourgeois, le regretté D⁰ Bucher, de haute intelligence et d'un dévouement admirable à la cause française.

secret de notre organisation défensive nouvelle est, cette fois, scrupuleusement gardé, grâce à un camouflage intelligent et à des consignes respectées strictement.

La V<sup>e</sup> armée a changé plusieurs fois de chef, depuis l'offensive du 27 mai. Le général Micheler a été relevé de son commandement en juin et remplacé, pendant quelques jours, par le général Buat. Avant le 14 juillet, celui-ci est appelé au Grand Quartier Général par le général Pétain, en qualité de chef d'état-major. Le général Berthelot lui succède à Montmort.

A droite de Reims, le général Gouraud commande, on le sait, la IV<sup>e</sup> armée. Dès le 6 juillet, il prescrit avec soin les dispositions à prendre, à la première alerte, conformément à l'ordre de Foch :

*« La bataille défensive doit viser l'arrêt de la poussée allemande ; cet arrêt est à assurer d'une manière certaine. »*

*D'une manière certaine!* Aucune hésitation, aucune défaillance ne seront tolérées. Cet ordre répond aux sentiments des chefs, anciens ou nouveaux, qui vont recevoir le choc.

Au centre des attaques prévues, le général Mazillier, du 1<sup>er</sup> corps colonial, tient le pivot de la défense, les trois secteurs de Reims; il conserve, sous ses ordres, les divisions d'élite qui, depuis de longs mois, combattent aux flancs de la montagne, dans la forêt et dans les ruines autour de la cathédrale, dont le vaisseau n'est pas abattu et brave les flammes et les explosions.

Les 45e et 7e divisions relèvent du général Mazillier, ainsi que deux régiments du 4e corps d'armée.

La 134e division, du général Petit, est tapie littéralement aux lisières et à l'intérieur de la ville, étayée par la 3e division coloniale du général Puypeyroux et la 2e division coloniale du général Mordrelle.

L'armée de Reims est en contact, à l'est, avec notre 4e corps (Q. G. à Livry); à l'ouest, avec le 2e corps italien (Q. G. à Hautvillers).

Ordre de bataille :

1er *Secteur ouest ou de Sermiers.* — Il comprend 12 bataillons d'infanterie, dont 3 de troupes noires. Le 104e de ligne et 1 bataillon du 88e territorial (ainsi qu'une compagnie de mitrailleuses de position et une compagnie du génie) lui sont adjoints.

L'artillerie comprend 4 groupes de campagne, 3 groupes de lourde.

*2e Secteur, dit du centre ou de Monchenot.* —
11 bataillons d'infanterie, dont deux de noirs;
ils sont renforcés par 2 bataillons du 3e *bis*
de zouaves, et 2 compagnies territoriales.

Les compagnies de mitrailleuses de position
réparties dans les ruines, derrière des barricades, aux issues de Reims, en des postes ca-
mouflés, sont au nombre de 9.

Artillerie : 1 groupe de campagne, 1 groupe
d'artillerie lourde;

*3e Secteur, dit de Ludes.* — 12 bataillons coloniaux, dont 3 de noirs, 2 bataillons du 1er ti-
railleur algérien, 2 compagnies du 88e territorial, 3 compagnies de mitrailleuses.

Artillerie : 4 groupes de campagne, 3 groupes de lourde.

En réserve : 1 régiment de la 3e division coloniale, 1 régiment de la 45e division, 1 bataillon du 3e zouaves; 1 bataillon de la 134e division, 1 bataillon du 17e territorial, la 7e division moins le 104e de ligne, 1 escadron du
3e chasseurs d'Afrique; 10 groupes d'artillerie
lourde, 2 batteries de 32, et 3 de 19, enfin une
pièce de 16 de marine.

Escadrilles : 51, 226, 260 et 288 et deux
compagnies d'aérostiers.

Dès le 3 juillet, le général Mazillier transmet aux chefs de corps cet ordre, comme une sorte d'avertissement :

### Ordre n° 503.

Les mesures prises pour recevoir l'attaque imminente des Allemands entre Marne et Reims et la haute valeur des troupes qui composent l'armée ne laissent aucun doute sur l'échec de cette attaque.

Dès que l'attaque aura été arrêtée, le moment sera particulièrement favorable pour passer à une contre-offensive immédiate contre un ennemi à bout de souffle et désorganisé.

En conséquence l'armée passera à l'attaque sur l'ordre du général commandant l'armée, à l'heure qu'il fixera.

Les groupes de combat veillent à maintenir une ligne de défense continue, de façon à barrer les infiltrations ennemies.

Sitôt que se produira, sur un point quelconque, l'offensive allemande, les troupes d'occupation recevront l'attaque dans le dispositif fixé. Sur la 1re position les groupes de combat, en liaison, résisteront sur place jusqu'à l'abordage sans tourner leurs regards vers l'arrière. Sur les secondes positions, les troupes seront employées à contre-attaquer suivant les circonstances. Nulle part on ne se replie.

Entre Rilly et Ludes trois bataillons, constamment prêts, peuvent se porter soit à l'ouest soit à l'est.

A la date du 5 juillet, le 1er tirailleurs algériens est rattaché à la 2e division coloniale, dont le secteur agrandi englobe Prunay et environ 800 mètres à l'est du village.

Dans cette région, la largeur des marais de la Vesle dépasse 1 kilomètre. Ordre est donné de construire une tête de pont, au nord de ces marais.

Les batteries de renfort, installées de nuit, ne se révéleront qu'au moment de l'attaque de l'ennemi, afin que celui-ci ignore leur présence jusqu'au dernier moment. Sur la 1re ligne ancienne ne restent que des avant-postes.

L'ordre prescrit d'accoler tous les bataillons, au lieu de les laisser par deux l'un derrière l'autre ; chacun des bataillons se couvrira en avant de la nouvelle ligne de résistance par 3 sections. Exception est faite pour le fort de la Pompelle qui reçoit une garnison spéciale

de deux sections, sous les ordres d'un commandant de compagnie (1).

« L'ennemi allait assaillir de la Pompelle à
la butte de Tahure la première position et
particulièrement les monts, avec sa dépense
ordinaire d'hommes et d'obus toxiques; il y
porterait son plus grand effort, persuadé que,
la première position enlevée et avec elle la
masse de ses défenseurs, il ne trouverait plus
devant lui que des troupes en déroute, qui
ne pourraient, rejetées sur la seconde position, la défendre que quelques heures. Bref
une réédition du drame du 27 mai.

« Il avait été, en conséquence, décidé par
Pétain qu'on n'attendrait pas l'ennemi sur la
deuxième position; aussitôt que l'attaque
paraîtrait se déclancher, la position serait abandonnée, sauf par des détachements de couverture, qui, munis de pigeons voyageurs et d'ap-
pareils de T. S. F. et ayant à leur disposition
des coureurs prêts au sacrifice de leur vie, si-
gnaleraient le départ des vagues d'assaut en dis-
sociant l'attaque. Alors se dresserait, à quelques
kilomètres en arrière, la véritable barrière.

(1) Historique de la 3e division coloniale.

« L'artillerie renforcée depuis quinze jours, se dévoilerait à cette heure; elle couvrirait d'obus l'espace compris entre la ligne abandonnée et la position intermédiaire créée entre la première et la deuxième. Les parties de la plaine accessibles aux tanks de l'ennemi seraient traversées par un cordon d'explosifs assez puissants pour que les chars échappés au déluge d'obus y viennent sauter... Les abris de la première position abandonnée auraient, au préalable, été remplis d'ypérite, si bien que l'ennemi s'y réfugiant n'en sortirait plus.

« Quant à la position intermédiaire, elle aurait été, au dernier signal, occupée par des troupes si nombreuses, si solides, si au fait de leur mission que les bataillons d'assaut ennemis ébranlés par leur violent effort contre la première position, décimés par les feux d'artillerie, privés des chars qui les devaient appuyer, viendraient se briser contre des troupes fraîches et résolues. Un tel système exigeait — et Foch y insistait près de Pétain — chez chacun des exécutants une exceptionnelle fermeté d'âme et d'esprit, et, dans l'application, une coordination singulière : chacun avait donc été « soigneusement instruit de son rôle (1). »

A la V^e comme à la IV^e armée, l'ordre d'alerte parvient le 14 juillet. Les troupes n'auront qu'à se conformer aux instructions précédemment reçues.

Le nouveau dispositif doit donc être réalisé dans la nuit même. A 23 h. 30, les mouvements sont terminés sans bruit et sans accident.

A l'est, dix bataillons ont pris place en ligne, avec deux bataillons : 1 de tirailleurs et 1 de Sénégalais, en réserve de division.

Du côté allemand, le grand branle-bas commence. Les officiers annoncent encore une fois à leurs hommes la bataille décisive, la « bataille pour la paix »; mais la promesse, déjà si souvent faite ne porte plus.

Cependant le kaiser lui-même est là. Il attend, anxieux, l'heure de l'action suprême. Le chroniqueur ordinaire de Guillaume II, le correspondant du *Berliner Tagblatt*, Karl Rusner, relate sa présence, dans le numéro du 18 juillet :

L'Empereur, désireux de se trouver au milieu

_______________

(1) *La Bataille de France*, pages 141 et suivantes.

de ses troupes dès le premier moment de la bataille s'était rendu sur le terrain des combats immédiats le 14 juillet, tard dans la soirée. Il a passé la nuit dans un poste d'observation avancé, d'où il a écouté le formidable orchestre de nos rafales d'artillerie et contemplé le prodigieux spectacle des projectiles s'abattant sur les positions ennemies.

A minuit cinq, les batteries ont ouvert le feu.

Le plan conçu est grandiose.

Il s'agit :

1º De boucler Verdun par une marche nord-sud sur Revigny par Sainte-Menehould ;

2º D'atteindre Châlons ;

3º De marcher sur Épernay et Montmirail.

Reims et sa montagne doivent tomber « comme un fruit mûr ».

Programme singulièrement ambitieux, à l'exécution duquel toutes les forces disponibles de l'ennemi, à pied d'œuvre, sont appelées à concourir. Trois armées, encore une fois reconstituées en hommes et en matériel, se portent au combat :

Celle de von Bœhm, de Longpont à Bligny ;

Celle de von Below, de Bligny à Prunay ;

Celle de von Einem III, de Prunay à Massiges.

Contre Gouraud opèrent 25 divisions; contre Berthelot, 30.

Devant Reims : 6 divisions de Below : les 123e, 86e et 213e, face à Méry-Prémery, Vrigny, Ormes; les 242e, 238e, 203e, face à Bétheny et Petit-Sillery.

Le tir commence d'abord sur tout le front, d'une intensité extrême par obus explosifs et toxiques. Il s'abat sur la première position, et sur les positions de batterie.

L'artillerie française reçoit l'ordre d'exécuter des tirs lents au début pour éviter les gaspillages de munitions, tirs qui se précipiteront plus violents, à mesure que nos observateurs verront clair dans les intentions du Boche (1).

Elles ne tardent pas à se manifester. L'ennemi localise évidemment ses attaques d'un côté sur la Pompelle-Prunay, de l'autre sur Vrigny-Ormes.

La bataille, dont le sort de Reims dépend s'élargit et gronde sur les deux ailes. La ville même ne reçoit, comme au 27 mai, que des éclaboussures. Les minen grondent, les avions ronronnent. Pendant les trois journées criti-

---

(1) Historique de la 3e division coloniale.

ques, le secteur du centre, celui de Reims-ville proprement dit, « reste étonnamment calme (1). »

A l'est, à cinq heures du matin, conformément à la consigne donnée, nos avant-postes se replient lentement en combattant, suivis par l'ennemi ; à 6 heures, la défense s'établit sur la Vesle, dont le génie fait sauter les ponts. De fortes colonnes allemandes descendent du Nord et se rapprochent de la position de résistance française qui, de Beaumont à Wez, couvre la route de Châlons à Reims.

Pas un instant, la liaison avec la IV<sup>e</sup> armée qui combat devant les monts, après les avoir évacués n'est compromise ; mais l'ennemi, qui voit nos soldats se retirer devant lui, sans comprendre la manœuvre française, se croit déjà victorieux.

« Ne voyons-nous pas, le 15 juillet, de nos observatoires, de très nombreuses batteries s'avancer dans la plaine et venir se mettre en position à quelques centaines de mètres de leurs premières lignes ?

« Ne voyons-nous pas évoluer, entre Reims et Nauroy de gros camions, peut-être des tanks ?

(1) Historique du 63<sup>e</sup> R. I.

« Ne voyons-nous pas les petites colonnes d'infanterie marcher à découvert vers la bataille? (1) »

A midi 30, l'attaque semble devoir se concentrer sur Beaumont. La 25e batterie du 244e d'artillerie, commandant Hervieu, et la 45e division, contraignent, par leurs feux, l'ennemi à s'arrêter, et la 45e, par des charges réitérées, dégage les abords du village et fait des prisonniers.

A 17 heures, les renseignements officiels constatent :

1o De Reims au nord de Sillery, situation inchangée, position maintenue intacte;

2o De Sillery à Beaumont, ligne avancée passant par la Cuvette, le Petit Sillery, le moulin de l'Étang, le Canal, le village de Beaumont, le bois cote 90 ;

3o Prunay, abandonné par nos avant-postes n'est pas encore occupé par l'ennemi.

Le 16 juillet, sous un bombardement qui accable le secteur du canal à la route 44 et qui s'étend bientôt jusqu'à Prosnes, la 45e division brise une nouvelle tentative de l'infanterie

_______________

(1) Historique de la 3e division coloniale.

allemande contre Beaumont ; le 7e régiment colonial porte notre ligne légèrement en avant et réoccupe une partie des ouvrages évacués la veille.

Le 17, nouvelle avance. Nous tenons entièrement dans la région la rive sud de la Vesle.

Le 18, à 8 h. 45, une compagnie de tirailleurs atteint la voie ferrée à l'est de Prunay où l'ennemi est entré et se retranche ; nous occupons les abords sud du village. Les Allemands ne réussissent pas à en déboucher. La liaison s'établit de plus en plus entre la Ve et la IVe armée. Celle-ci, en effet, dans une journée incontestablement victorieuse, a mis les assaillants en tel état qu'ils se reconnaissent eux-mêmes incapables de recommencer l'attaque. Le combat ne va donc continuer que dans la région de Prunay.

La situation n'est pas la même, à l'ouest de Reims.

L'armée allemande avait passé la Marne à Dormans. Elle approchait d'Épernay. Si elle atteignait cette ville, la Montagne de Reims, tournée au sud, allait se trouver en danger extrême.

Les Allemands, fidèles à leur tactique, por-

tent leur attaque la plus violente sur le front
mixte, au point même de soudure des divisions
françaises et italiennes. Ils comptent bien que,
là au moins, les troupes alliées manqueront
d'unité et de cohésion.

Sous des coups redoublés, le front italien
dans la vallée de l'Ardre a cédé; le front français de la Montagne de Reims a tenu, et ses
défenseurs, par suite du recul de la défense
sur leur gauche, se trouvent dans une situation qui ne peut se prolonger sans péril.
Le flanc sud de la 2e division coloniale est
sous la menace constante de nouveaux assauts, et certaines de ses batteries ne sont plus
qu'à 1.500 mètres des premières lignes allemandes.

Le corps italien, la 2e division coloniale, la
8e division, reçoivent le choc de Vrigny à la
Marne. Nos alliés se replient jusqu'à Sermiers, la 7e division accourt à leur aide; mais
la 8e est enfoncée sur la rive gauche de l'Ardre; la cote 240, qui domine Reims et toute
la région, tient bon heureusement; nos troupes
de défense mettent en déroute les trois
bataillons d'assaut du 341e d'infanterie allemande.

La situation n'en est pas moins critique, puisque l'ennemi progresse au Sud. Dès le 15, nous avons dû évacuer Chaumuzy et Bouilly, abandonner le bois des Éclisses et le bois de Courtron. Le lendemain, l'ennemi enlève Marfaux et Courmas, il touche à la ferme Saint-Denis et menace Courtagnon. Le 17, il prolonge son effort et tente encore d'accentuer son succès en poussant dans le bois du Petit-Champ et en débouchant de Courmas. Les unités italiennes plient sous l'effort et amènent le général Mordrelle, commandant la 2e division d'infanterie coloniale, à faire étayer nos alliés par ses propres réserves, à savoir le 104e régiment d'infanterie, le 32e bataillon de tirailleurs sénégalais et les unités disponibles du 23e colonial.

Situation singulièrement critique, l'ennemi est arrêté mais la défense de Reims est dans une situation plus que difficile. Les trois divisions qui défendent la zone de Tauxières s'enfoncent en coin dans les lignes allemandes. Si la route Épernay-Reims est atteinte les troupes de la défense au nord de la Montagne de Reims vont être menacées d'encerclement. Il faut absolument contre-attaquer et c'est, en effet, à la contre-attaque montée en hâte par le général Mordrelle qu'est employé le 32e bataillon de tirailleurs sénégalais.

Ce bataillon, appuyé par deux bataillons du 23e régiment d'infanterie coloniale, se porte en avant dans le bois du Petit-Champ, en même temps qu'un bataillon du 104e régiment d'infanterie agit sur Courmas, l'heure H est fixée à 18 heures.

A 17 h. 45 les bataillons sont à leurs emplacements de départ dans le Bois d'Écueil, le bataillon sénégalais, au centre, est soutenu, au nord, par le 1er bataillon du 23e régiment d'infanterie coloniale et, au sud, par le 3e bataillon du 23e régiment d'infanterie coloniale. Moins d'un quart-d'heure après l'attaque est déclanchée. Le bataillon noir a ses trois compagnies accolées, appuyées par la compagnie de mitrailleuses; il a comme soutien immédiat une compagnie blanche du 3e bataillon du 23e régiment d'infanterie coloniale; sa tâche est rude parce que la défense allemande du bois du Petit-Champ est organisée en profondeur et comprend une série de fortins qui constituent de véritables nids de mitrailleuses ; ils sont disposés en quinconce, entourés de fils de fer et, grâce à des coupures pratiquées dans le taillis, ils permettent de prendre l'assaillant sous leurs feux de barrage. Des pièces d'artillerie et des minenwerfer renforcent l'ensemble de ce système de défense.

Et cependant, sans hésitation, dans un élan prodigieux, les Sénégalais se jettent à l'assaut du bois et enfoncent la ligne ennemie sur plusieurs points. Quelques îlots de résistance qui n'ont pu être enlevés au premier bond enrayent un moment la progression du bataillon, mais des attaques de front à la baïonnette combinées avec des attaques débordantes très énergiquement exécutées en viennent rapidement à bout. A 18 h. 50, la position principale de résistance est complètement enlevée et la progression continue malgré les mitrailleuses qui, aux débouchés des clairières et sur les layons, tentent d'arrêter la marche du bataillon. Un peu après 19 heures, l'ennemi s'est repris et par ses mitrailleuses sous bois il gêne considérablement l'avance des compagnies sénégalaises ; celles-ci entraînées par leur ardeur perdent bientôt la liaison entre elles, et le commandant Teulière se voit obligé de demander l'entrée en ligne des compagnies européennes du 23e régiment d'infanterie coloniale pour combler les trous qui se sont produits entre ses unités. L'ennemi tente une contre-attaque de flanc qui échoue et vers 20 heures le chemin de Cuitron à Courmas est dépassé de 300 mètres et la partie du bois enlevée nettoyée d'ennemis. Les munitions commençant à manquer, la défense est reportée au chemin Cuitron-Courmas, les liaisons sont rétablies et l'organisation du terrain occupé entreprise.

Les pertes du bataillon Teulière sont sévères, leur nombre indique combien la tâche qui incombait au bataillon était dure et avec quel acharnement l'ennemi a résisté; 2 officiers sont tués, 6 sont blessés, 11 Européens sont tués, 38 sont blessés, les Sénégalais ont 19 tués et 246 blessés.

Au cours de cette action très brillante où l'allant et l'esprit de sacrifice des cadres comme des hommes du 32e bataillon de tirailleurs sénégalais ont été remarquables, 9 canons ont été pris à l'ennemi, 8 minenwerfer, 3 canons à air comprimé, 60 mitrailleuses, 20 petits dépôts de munitions d'artillerie, 4 dépôts de munitions de mitrailleuses; un grand nombre de fusils de divers modèles ont été capturés, 38 prisonniers sont restés entre nos mains (1).

Au G. Q. G., après les héroïques combats des 14, 15, 16 et 17 juillet, on constatait avec une confiance raisonnée que l'ennemi n'avait pu réaliser son programme; il n'était entré ni à Châlons, ni à Épernay, ni à Reims. « Il n'avait fait qu'approfondir de cinq kilomètres vers le Sud, la poche creusée du 27 au 31 mai. Plus cette poche devenait profonde, plus le risque devenait grand « pour les armées allemandes qui s'y aventuraient ».

(1) Historique inédit du corps colonial.

Dans la nuit du 19 au 20 juillet, dans la journée du 20, les contre-attaques se succèdent de part et d'autre, menées par la 2e division, celle du général Mordrelle, et par le 104e. Le 22e corps anglais relève le corps italien.

Le 20, « après une courte préparation d'artillerie, l'ennemi s'élance, il est rejeté en désordre sur ses tranchées de départ. La 62e division britannique enlève Bouilly, mais elle en est chassée; le 104e d'infanterie française réoccupe la position et la garde. L'ennemi paraît hésitant.

Il ne restait plus, écrit Ludendorf, que le nord de la Marne, en remontant l'Ardre, où le haut commandement crût pouvoir poursuivre encore l'attaque pour investir Reims de plus près et peut-être arriver à le prendre. Le groupe d'armées du kronprinz allemand avait reçu, dès le 16 juillet, les instructions nécessaires à cet effet. L'après-midi du 17, j'eus une conférence, à Rethel à la Ire armée, au sujet de la poursuite de l'attaque de Reims. J'insistai sur la nécessité d'agir rapidement pour avoir également l'initiative sur ce champ de bataille. Le rapport du chef d'État-Major me montra que les préparatifs pour la continuation de cette attaque purement locale absorberaient bien des journées. Il ne me restait plus qu'à en prendre mon parti. Je priai de nouveau le groupe d'armées du kronprinz allemand de former rapidement des réserves, signalant qu'il pourrait être nécessaire de renforcer la XVIIIe armée et l'aile droite de la IXe armée.

Le 18 juillet, en effet, s'était produite, sur le flanc droit de la poche allemande de Château-Thierry, la victorieuse contre-offensive Mangin-Degoutte. Quel que fût leur acharnement vers Épernay, les Allemands, menacés maintenant sur leurs derrières, ne pouvaient se maintenir sur la Marne. L'illusion de l'encerclement de Reims s'évanouissait définitivement.

« A partir du 21 juillet il était évident, avoue Ludendorf, que notre position stratégique dans le saillant était risquée. Tout succès ennemi à Soissons ou sur l'Ardre pouvait prendre l'importance la plus considérable. Il n'était pas possible à la longue de tenir le saillant, un nouveau coup porté contre Reims semblant devoir rester vain. »

Dans les rangs français, la bonne nouvelle du 18 juillet, transmise le jour même à tous les régiments engagés y compris les plus avancés, produit un immense effet de stimulant, réchauffe les ardeurs et fait oublier les fatigues.

« Le Boche a repassé la Marne en vitesse; étranglée, la hernie se réduit et quels embouteillages, quel chichi, disons-nous, il doit y avoir dans cette région de Ville-en-Tardenois ! Si seulement, on pouvait remonter la vallée de l'Ardre ! Quel beau coup de filet.

« De toute la région au nord de la Suippes et de la Retourne, tout ce qui avait été réuni par le kronprinz, pour la grande offensive file vers l'ouest.

« Pour couvrir tous ces mouvements, l'artillerie allemande se montre très active; on dirait qu'elle veut épuiser sur nos lignes les stocks énormes de munitions qu'elle a constitués.

« Elle n'y arrivera pas. Quand nous poursuivrons en octobre les arrière-gardes ennemies, nous en trouverons encore des quantités considérables (1). »

Du corps d'armée et du G. Q. G., le mot d'ordre parvient, le même sur toute la ligne : frapper dur et sans répit.

_______

(1) Historique de la 3e division coloniale.

La 2e division d'infanterie coloniale reçoit un secours précieux que lui apportent la 77e métropolitaine, commandée par le général Serrigny et 4 groupes de bataillons de chasseurs, qui sont parmi les plus vigoureux et les mieux entraînés. Un excellent régiment de marche italien grossit nos rangs, appuyés par l'artillerie puissante du général Benoît : 16 groupes de 75, 8 de 155 et deux batteries de tranchée.

Le 23 juillet, à onze heures, la 77e entre à Hyermont, à Rouvroy, le régiment italien prend sur les croupes, à l'est de Méry, 4 pièces de 77.

Le 24, nous occupons le sud-ouest du bois des Dix-Hommes. Mais, en raison de ce que sa retraite devient chaque jour plus difficile, l'ennemi, pour la protéger, doit réagir vigoureusement. Il contre-attaque à son tour, avec une de ses bonnes divisions, la 1re prussienne et avec la 8e bavaroise, sur la cote 240 et sur le plateau de Vrigny, le 25 à sept heures. Il pénètre même dans nos lignes, dépasse la cote 240 et le bois de Coulommes.

Mais, à dix heures, nos bataillons de coloniaux, d'infanterie et de chasseurs se jettent sur les Allemands avec un entrain irrésistible. A 14 heures, la situation est rétablie et la division prussienne reflue vers l'ouest, complètement battue.

Le général Mazillier félicite les troupes engagées, infanterie et artillerie, qui ont combattu fraternellement, en parfaite liaison :

« La 2e division coloniale, dans cette période, a joué sous le commandement du général Mordrelle, le rôle le plus glorieux. Presque tournée, menacée de perdre son artillerie, ayant engagé la totalité de ses réserves et des renforts expédiés par le général Mazillier, elle s'est acharnée à la défense des positions organisées par elle depuis deux mois. Elle conserve la cote 240 contre les plus rudes assauts. »

« La 77e division fait preuve du plus bel entrain et de la plus grande ténacité dans les combats pénibles auxquels elle prend part. Ses pertes, qui, en 10 jours, atteignent 1.545 tués ou blessés, dont 30 officiers, disent assez l'esprit offensif dont elle a fait preuve. »

Dès le 28 juillet, la poche allemande, à l'est de Paris est résorbée; la voie ferrée de Châlons redevient libre et la porte sud de Reims, par laquelle passe la route d'Épernay, c'est-à-dire la route du ravitaillement, bien que serrée de près encore et bombardée, n'a plus à craindre une poussée ni un barrage ennemis. Gueux, Thillois, Tinqueux sont évacués par les Boches.

Nous avons perdu, pendant ces douze jours de bataille : 154 officiers, 8.090 soldats, tués ou blessés, dont un grand nombre ypérités.

La 134e division, au nord de Reims et dans les faubourgs, a suivi les phases de la bataille. Elle n'ignore pas ce qui l'attend, en cas de fléchissement d'un des piliers qui protègent l'unique issue restée libre; elle ne faiblit pas un instant, même sous l'averse des obus et des torpilles.

A l'est, on le sait, l'offensive allemande ne s'obstine pas. Tout reste calme après le 18 juillet. Le général Michaud, de la 45e division prend le commandement du sous-secteur ferme de l'Espérance au sud de Prunay.

Le commandant du corps colonial, justement fier du résultat obtenu a rendu à tous les combattants, officiers et soldats un bel hommage. La ville de Reims l'enregistrera pieusement dans ses annales :

*« On ne peut obtenir pareil résultat qu'avec*

des troupes d'élite, avec des hommes ayant confiance en eux et en leurs camarades, confiance dans les artilleurs qui les accompagnent, confiance surtout dans leurs chefs, dont ils connaissent la clairvoyance, le bon sens, l'expérience et qu'ils savent ménagers du sang du soldat. »

LA GARNISON DE REIMS

LES BOMBARDEMENTS

LA DESTRUCTION DE LA VILLE

# VI

Pendant quatre ans et un mois, des premiers jours de septembre 1914 à ceux d'octobre 1918, Reims a été la cité martyre. Elle a subi toutes les horreurs de la guerre. La population, très attachée à la ville, n'abandonna ses foyers que lentement. Elle était encore nombreuse au commencement de 1917. Les grandes batailles livrées en avril, en avant de Reims, les bombardements multipliés et meurtriers, l'intervention pressante de l'autorité militaire activèrent l'exode. En mai de cette année, quelques milliers d'habitants se refusèrent encore obstinément à s'éloigner des ruines de Reims. Le vaillant et vénérable maire, M. Langlet, donnait l'exemple; il resta l'un des derniers, même après l'incendie de l'hôtel de ville. Quelques membres de la municipalité et le cardinal Luçon, le grand Archevêque, bien que chassé de son hôtel, dès 1914, tinrent bon avec lui et ne se retirèrent, comme lui, que les derniers et par ordre.

En fait, le commandement militaire règle tout. La population de la ville, au 1er janvier 1918, se compose de braves gens, gardiens des richesses énormes que la cité contient encore; d'ouvriers des caves, de pauvres diables qui se sont accoutumés à vivre dans les décombres et aussi de quelques malandrins en quête de pillages fructueux, mercantis improvisés, connaissant tous les coins et recoins de la grande cité, les bons endroits et les coups à risquer.

Reims ne contenait pas seulement des millions de bouteilles de champagne; mais du mobilier, des approvisionnements et un stock énorme de marchandises. Pendant une semaine de séjour dans la ville, en 1914, les Allemands avaient beaucoup réquisitionné; mais la victoire de la Marne ne leur laissa le temps ni de piller, ni de déménager les caves, les magasins, ni les usines.

Faute d'organisation, faute de moyens de transport, les tissus, marchandises, meubles accumulés dans Reims, qu'il aurait été possible de sauver, de ramener à l'intérieur en 1915, en 1916 et jusqu'au commencement de 1917, ont péri dans les bombardements. Les incendies de 1918 achevèrent de les réduire en cendres.

Seules, les caves célèbres, aux longs couloirs creusés profondément dans la craie, gardaient encore, en janvier de cette année, leurs dépôts immenses de vins précieux, à peu près intacts.

En février 1918, l'ordre vint enfin, à la veille des offensives prévues, de faire évacuer, sans rémission, ni exception d'aucune sorte, Reims, par les rares civils qui s'y cramponnaient encore. L'évacuation était complète, en mars, avant les attaques suprêmes de l'ennemi.

La garnison seule occupe désormais la ville. Elle se compose de la 134e division d'infanterie, des services militaires administratifs, des sections de gendarmerie, du 1er bataillon du 34e régiment d'infanterie territoriale, et de plusieurs compagnies de mitrailleurs de position.

Le lieutenant-colonel Riquier remplit les fonctions de commandant d'armes.

La 134e division a été créée le 18 août 1916

et placée sous le commandement du général Baratier. Elle comprenait d'abord un seul régiment de réserve et trois régiments territoriaux. Concentrée en Alsace, puis en Champagne en juin 1917 et attachée au secteur de Reims en octobre, cette division, formée d'éléments nouveaux, est transformée et réduite à trois régiments d'active venus de régions et de corps d'armée différents :

Un régiment limousin, le 63ᵉ d'infanterie, du 12ᵉ corps;

Un régiment brèton, le 65ᵉ, du 11ᵉ corps;

Un régiment du Midi, le 100ᵉ, du 16ᵉ corps;

Un escadron du 1ᵉʳ régiment de chasseurs.

La 134ᵉ division, cantonnée dans la ville même de Reims, en terrain de bataille, avait relevé la 164ᵉ.

Pendant une période de dix mois, elle n'a été renforcée que par un régiment colonial et plusieurs bataillons sénégalais. Ces derniers affectés au front nord-est, des Cavaliers de Courcy à la Neuvillette, n'ont jamais été logés dans la ville.

Le 17 octobre 1917, le général Baratier, l'un des héros de l'expédition Congo-Nil, frère d'armes du glorieux Marchand, mourut subitement en pleine tranchée de Courcy, le jour même où il prit possession du secteur. Il fut remplacé par le colonel Petit, qui commandait l'infanterie divisionnaire, promu général à titre provisoire. Le colonel de cavalerie Destrumeau lui succéda à la tête de l'infanterie divisionnaire.

Officiers et soldats de la 134e division n'ont alors d'autres demeures que les ruines et les caves, les abris chaque jour consolidés ou déplacés sous la menace ininterrompue du bombardement, de l'intoxication par les gaz et de la mort. Les raffales d'obus, de torpilles, de projectiles de toute nature sont à peu près quotidiennes.

Reims est entourée, depuis 1914, d'un réseau de tranchées, de fils de fer, et de batteries qui enserrent ses faubourgs au nord et à l'est.

En avril 1918, le front nord allemand, descend des Cavaliers de Courcy, à Bétheny; le front est, de Bétheny à la route de Cernay et au champ de tir.

Le front français est parallèle; il couvre la Neuvillette, la ferme Pierquin, une partie de Bétheny, le faubourg Cérès, les casernes Louvois et Jeanne d'Arc, la butte Pommery, le parc des Sports, inauguré deux ans avant la guerre, et le terrain de manœuvres en bordure de la route nationale de Reims à Châlons.

La ville et ses faubourgs se partagent en quatre secteurs. Un régiment par secteur :

1. La Neuvillette : un régiment colonial;
2. Bétheny, 100e régiment d'infanterie;
3. Le Linguet, 65e régiment d'infanterie;
4. Cernay, 63e régiment d'infanterie.

Un bataillon de chaque régiment garde la tranchée de première ligne, reliée au cœur de Reims par des ouvrages et des boyaux.

Au début d'avril 1918, le général Mazillier, commandant le corps d'armée colonial, auquel est rattachée la 134e division, devient, on le sait, le chef responsable de la défense intérieure et extérieure de Reims, lorsque les forces allemandes ont engagé déjà, sur l'Oise et sur la Somme, la grande bataille qui ne prendra fin qu'à l'armistice du 11 novembre.

Le général a bien voulu nous expliquer lui-même comment il régla et organisa cette défense, à l'intérieur, avec la volonté ferme de résister à outrance et avec la conviction que les Allemands, à moins de réussir à l'encercler, et d'empêcher tout ravitaillement en vivres et en munitions, ne s'empareraient pas de Reims.

## ORGANISATION DE LA DÊFENSE DE REIMS

### I. — *Principes d'organisation de la défense.*

Avant d'entrer dans le détail de l'organisation défensive de la ville de Reims, il est indispensable de faire connaître dans un rapide aperçu les principes qui ont présidé à cette organisation et l'évolution des conceptions du Commandement avec la situation tactique.

On distinguera à cet effet trois périodes :

La première correspond à l'organisation défensive avant l'entrée en secteur du Ier corps d'armée coloniale;

La seconde répond à l'organisation réalisée en avril-mai 1918;

La troisième à la situation en juillet 1918 au moment de l'attaque allemande.

1º Avant l'arrivée du Ier corps colonial dans la zone de Tauxières, la défense de Reims comprenait une défense extérieure composée de plusieurs lignes sensiblement parallèles et établies entre la périphérie nord et est de la ville et les lignes allemandes. Ces différentes parallèles prolongées vers le nord et vers l'est étaient bien reliées avec les parallèles de la première position des zones voisines et formaient avec celles-ci des lignes continues.

La défense intérieure était prévue et organisée sous forme d'un réduit, la lutte dans la ville devait se faire pied à pied, et le général commandant la division en secteur avait son P. C. à l'intérieur de Reims.

2° Au début d'avril 1918, quand la 134e division d'infanterie (général Petit) passe sous l'autorité du général Mazillier commandant le Ier corps colonial, un principe nouveau préside à l'organisation de la défense. Les prévisions ne portent plus seulement sur la défense de la ville pied à pied, mais plutôt sur une défense par l'extérieur. L'encerclement qu'on peut craindre par l'ouest et par l'est sera empêché par une défense opiniâtre étayée par des contre-attaques déclenchées extérieurement à la ville. A cet effet, la 134e division d'infanterie est renforcée à l'ouest, région de la Neuvillette, par un régiment colonial, le 22e d'infanterie; une position intermédiaire est organisée au sud de la Vesle et, pour permettre au général commandant le secteur de suivre le combat et de laisser les contre-attaques prévues, son poste de commandement est hors de Reims, à Villedommange, au pied de la Montagne.

La ville de Reims, avec l'ensemble de ses défenses extérieures, est un bastion étendu, englobant toute la première position et la position intermédiaire. Le sort de la ville est lié à celui de ces deux positions destinées à couvrir son front et ses flancs, mais principalement au sort de la seconde. Cette position intermédiaire est à plus de deux kilomètres des points les plus avancés de l'ennemi; elle est hors de portée des minenwerfer et ne peut être atteinte que par les pièces des batteries de campagne ou les pièces lourdes. Le plan de défense prévoit que le combat en profondeur sera conduit d'abord en couverture sur la première position et ensuite sur la position intermédiaire, où il faudra combattre à pied pour garder les flancs de Reims.

En avril 1918, la 134e division d'infanterie conserve sa mission particulière de la défense de la ville; les deux secteurs d'appui, destinés à s'opposer à l'encerclement, sont occupés, à l'est, par le 7e colonial, à l'ouest, par le 22e, mis à la disposition du général Petit. Les 9 bataillons de la 134e division restent chargés de garder la ville, par une lutte à la périphérie, puis par un combat pied à pied à l'intérieur de Reims. Ces bataillons ont un commandement particulier chargé de coordonner la lutte, c'est le commandant de l'I. D./134 dont le P. C. reste à Reims.

3o Après l'attaque ennemie du 27 mai 1918, les

défenseurs de Reims sont acculés aux faubourgs de la ville; la ligne allemande est venue se mouler sur la défense française et Reims est presque encerclé. Mais le principe de la défense reste le même qu'avant l'attaque; la ville se défend principalement par le maintien intégral des positions au nord de la Vesle pour la région Est de la ville, par l'arrêt de l'ennemi en avant d'Ormes-Vrigny et de la cote 240 sur la Montagne de Reims, pour la région Ouest.

Les seules différences avec l'organisation précédente qui sont consécutives au changement de front, sont la faible valeur de l'organisation nouvelle de la région Ouest et la diminution de la profondeur de la zone de défense extérieure à la ville.

## II. — *Détail de l'organisation.*

Ces principes posés, voyons maintenant dans le détail l'organisation défensive de Reims avant et après le 27 mai 1918.

a) *Avant l'attaque allemande du 27 mai 1918* (Croquis 1). — La défense extérieure de Reims comprend une série de parallèles et de bretelles reliées entre elles par de nombreux boyaux. L'ensemble de ces organisations constitue la première position, qui couvre la ville face au nord et à l'est et s'étend depuis les Cavaliers de Courcy (à l'ouest) jusqu'à la Pompelle (à l'est).

Cette position comprend 3 lignes successives de parallèles qui sont, en allant de l'ennemi vers la ville : la parallèle principale de la première position où se tiennent les éléments avancés d'infanterie; la parallèle principale de couverture où sont les soutiens, et la parallèle principale de bataille sur laquelle on doit se replier, en cas de forte attaque ennemie et où l'on doit résister jusqu'au bout. La Neuvillette à l'ouest et la butte Pommery à l'est sont reliées à la parallèle principale de bataille par deux bretelles.

En arrière de la première position et bien reliées avec elle par de nombreux boyaux, les lisières nord et est de la ville sont organisées au moyen de travaux de toutes sortes; on a transformé les faubourgs en points d'appui se flanquant mutuellement et, d'ici, les vues extérieures sont étendues.

La ligne ainsi constituée, avec les organisations de la butte Pommery, de l'ancien moulin de la Housse, des quartiers de cavalerie Louvois et Jeanne d'Arc, du faubourg Cérès, du Petit-Bétheny est des Docks rémois est particulièrement solide. Dans chaque point d'appui; les caves très spacieuses des grandes maisons de champagne forment des abris à l'épreuve des canons les plus puissants, et la communication entre ces abris est des plus aisées, grâce aux galeries souterraines qui relient toutes ces caves.

La défense intérieure de Reims a été complétée par l'organisation d'un réduit. Ce réduit est formé d'un réseau de fils de fer barbelé, de 5 à 6 mètres d'épaisseur et de tranchées creusées le long des boulevards. Le réseau part du canal de l'Aisne au pont Clairambault, longe au sud et à l'est la maison de retraite, se continue le long du boulevard de la Paix et du boulevard Laudy, traverse la voie ferrée à 400 mètres au nord-est de la gare, et vient se refermer sur le canal, après avoir traversé le faubourg de Clairmarais.

Tout le long de son parcours, le réseau est flanqué par des blockhaus armés de mitrailleuses.

Enfin, au sud du fossé naturel de la Vesle, les organisations de la rive gauche, auxquelles les troupes du I$^{er}$ corps d'armée colonial ont méthodiquement travaillé, sont terminées et leurs parallèles sont maintenant reliées au mieux avec celles de la position intermédiaire qui court tout le long de la zone.

16 canons anti-tanks ont été répartis en des points choisis aux lisières est et nord de la ville. Dans toute sa profondeur, le champ de bataille éventuel a été meublé de mitrailleuses 1907, qui ont été retirées des formations d'infanterie après remplacement par du matériel Hotchkiss. Enfin, les 5 groupes de 75, le groupe de 155 court et les sous-groupements d'artillerie lourde longue du

corps d'armée, qui sont en position pour appuyer directement la défense, ont leurs emplacements au sud du canal pour le groupement sud et à l'ouest de la ville pour le groupement ouest.

b) *Avant l'attaque allemande du 15 juillet* 1918. — La ruée allemande sur le Chemin des Dames au 27 mai a permis à l'ennemi d'arriver aux portes mêmes de Reims. La défense française est adossée aux lisières de la ville sur les trois quarts de sa périphérie et les lignes allemandes sont venues en fin de combat se mouler sur elle.

La défense extérieure de la ville comprend une première position qui est celle sur laquelle les troupes françaises se sont arrêtées le 1er juin, puis en arrière une position intermédiaire qui n'est autre chose que celle des lisières de Reims. Les faubourgs nord et ouest de : la prison, l'arsenal, le faubourg de Laon, la gare Saint-Charles, le faubourg de Paris et la Haubette sont organisés en points d'appui de la même manière que les faubourgs est et constituent une solide ligne de résistance. Cette position intermédiaire des lisières ouest de la ville se relie à Bézannes avec la position intermédiaire organisée au sud de la ville.

Les organisations du front ouest, auxquelles on a beaucoup travaillé pendant le mois de juin, ne sont pas aussi solides que celles du front est, car elles ont été obtenues par le raccord d'éléments qui n'étaient primitivement pas orientés contre un ennemi débouchant du nord-ouest.

La défense intérieure de Reims a peu changé. Elle a été renforcée en mitrailleuses par l'augmentation du nombre de compagnies de position. Les pièces anti-tanks sont réparties sur la périphérie, enfin l'artillerie d'appui, considérablement augmentée, a un de ses groupements au sud de la Vesle, entre Cormontreuil et le faubourg Sainte-Anne. Un deuxième groupement a ses emplacements dans la région Bezannes-les-Mesneux; un troisième a ses batteries dans la région des Trois Ponts, au sud de la deuxième position.

En cas d'offensive ennemie, le plan prévoit que les troupes d'occupation reçoivent le choc sur la première position. Les groupes de troupes de garde, en liaison continue, résistent jusqu'à abordage, sans tourner leurs regards vers l'arrière. Sur les positions en arrière, les troupes font de même en contre-attaquant suivant les circonstances et suivant leur mission particulière; nulle part on ne se replie.

C'est ce plan qui fut appliqué le 15 juillet et les jours suivants. Ce que le commandement avait prévu, les troupes l'exécutèrent et Reims une fois de plus fut sauvée.

Pendant la dernière période du siège, celle

qui va du 27 mai à septembre 1918, le tas de ruines qui couvrent le sol de la grande cité est enfermé de plus en plus étroitement dans le corset que forment les lignes de fer et de feu de l'ennemi au nord, à l'ouest et à l'est. La communication avec l'intérieur n'est maintenue, entre Reims et Épernay, que par le couloir du sud qui reste ouvert des confins ouest du faubourg de Paris jusqu'à Saint-Léonard, couloir large d'environ sept kilomètres, dominé par les observatoires des assiégeants et placé sous le feu de leurs batteries. La première ligne allemande passe à moins de 1.500 mètres de la grande route de ravitaillement d'Épernay.

Elle remonte au nord, face aux faubourgs de Paris et de Clairmarais, toute proche de la gare, au faubourg de Laon, à l'arsenal, aux Docks rémois, au Petit Bétheny, au stand, au peignage Holden, et au champ de tir.

Les principales batteries de la défense ont été retirées des régions Nord au sud de la Vesle ; deux batteries de tranchée aux Graviaires et à la Haubette ; sur le vélodrome, quatre batteries de 75, une de 155 long, dans le faubourg Sainte-Anne, les autres plus éloignées de la ville.

Dans l'enceinte, les pièces anti-tanks sont réparties au nombre de 14 aux débouchés particulièrement menacés. La pièce la plus rapprochée de la cathédrale, il importe de le constater, est au faubourg de Clairmarais, au sud-ouest de la gare.

La région Nord, pilonnée par les projectiles, n'est plus qu'un vaste champ bouleversé, profondément ravagé où rien ne reste debout. Le quartier dit d'aviation, Bétheny, autrefois un beau village, s'écroule sous les obus. Près du squelette de l'église, on voyait encore, en 1918, criblé d'éclats et de balles, le monument commémoratif de la grande revue passée, en 1901, par M. Loubet, Président de la République, et par le malheureux czar Nicolas II.

« Représentons-nous, dit un combattant, une plaine coupée par un canal vide, que longent, côté français, de massives levées, les Cavaliers de Courcy, et que domine, côté allemand, la pyramide écrasée de Brimont, au pied de laquelle butte notre première ligne. »

La grande route de Cambrai traverse la plaine moutonnante et nue qui forme le champ de bataille, les villages démolis de Courcy et de La Neuvillette.

L'ancienne ligne « y zigzague de taupinière en taupinière, allant s'accrocher aux Cavaliers de Courcy et portant des noms bretons : tranchée de Pornic, réduit de Quimper, d'Auray, de Redon, de Dinart. A 300 ou 400 mètres en avant, courent les *chenilles*, anciennes tranchées boches retournées... Au nord, le canal sert de frontière naturelle depuis Courcy jusqu'au coude qu'il forme au saillant de Brimont pour filer, droit au sud-est, vers la Neuvillette et Reims.

« Aux lisières nord, le vent balance les toiles tendues de distance en distance pour arrêter les regards inquisiteurs de Brimont. » Le camouflage sous la direction d'artistes éminents (1) devient un art. Les voies de 60 se sont multipliées. Elles sont poussées jusqu'en première ligne, « sujet perpétuel d'amusement pour nos poilus, note le lieutenant Nouaillac, porte-drapeau du 63e (2). En riant, ils lancent à toute vitesse les wagons portant les marmites norvégiennes, les ribbards, les caillebotis, les madriers et les munitions; et quand

(1) Forain fut un des principaux organisateurs des sections de camouflage.

(2) *Le six-trois au feu.* Historique du 63e R. I.

cela déraille, quels lazzis, quelles démonstrations de joie ! Une vingtaine de passerelles se balancent d'un bord à l'autre ou s'allongent sur le lit vaseux. Le fond du canal est un prodigieux fouillis qui fera l'émerveillement des archéologues futurs. On y trouve de tout, des obus de différents calibres, des ustensiles de cuisine, des boutons de métal, des capotes pourries, des casques, des bidons, du barbelé, des fragments de tôle, souvenirs des bombardements..., des blocs arrachés aux berges et des arbres entiers, les racines en l'air. Ici repose la carcasse métallique d'un pont brisé; là achève de pourrir une péniche enlisée... Des poilus agenouillés sur des caisses de lavandières savonnent leurs chemises dans les flaques d'eau. Parfois, un incorrigible pêcheur à la ligne essaie de taquiner des goujons problématiques. »

L'ennemi s'est accroché aux obstacles naturels, aux massifs boisés qui s'élèvent au nord-est, au-dessus de la plaine et qui sont d'une défense facile. Il occupe Berru, les retranchements de Vitry et de Nogent-l'Abbesse devenus de puissantes et inaccessibles forteresses.

En face d'elles, la périphérie de Reims, à

l'est, se hérisse d'ouvrages perfectionnés chaque jour, pendant quatre ans, par les pionniers du génie et par les travailleurs de la territoriale. Ces ouvrages s'appuient, à l'ouest, sur la butte Pommery, parc des Sports et sur les casernes du boulevard. En cas de recul, la résistance continuerait là, au réduit de la défense, jusqu'à la dernière extrémité, jusqu'à épuisement complet de toutes les ressources.

« Imaginons ce réduit comme une protubérance aux pentes très douces dominant la ville d'une trentaine de mètres. C'était, en temps de paix, l'oppidum et le trésor souterrain de la féodalité du champagne... avec d'immenses bâtisses, des tours à poivrière, un donjon carré... un grand château Louis XVI, une villa normande et des parterres de fleurs et des parcs et des vignes modèles. Tout autour étaient groupées de moindres seigneuries... Ce n'est plus qu'un chaos grandiose et affreux de murailles dentelées, de toitures effondrées, de verrières pulvérisées, d'arbres déchiquetés, de tours éventrées et décapitées...

« Nous habitons, dit l'historien du 63e, les caves, l'État-Major et la C. H. R. dans la galerie Verdun, au premier palier; les compagnies du bataillon dans les galeries qui s'ouvrent au bas d'un escalier de 116 marches. Un monde souterrain, un dédale mystérieux de galeries, de caveaux et de crayères percées d'essor et une accumulation de bouteilles, — rien que 12 millions, — réparties sur 20 kilomètres de caves...

« Tout le réduit est ceinturé de boyaux sinueux, traversés par des chemins défilés, relié d'un côté au canal et à la ville, de l'autre aux lignes. Il était jadis farci de batteries. Elles ont presque toutes émigré au delà du canal. Il en reste quelques-unes dans les fourrés du parc des Sports, dans la butte Saint-Nicaise. »

L'observatoire de la division est installé dans la chapelle camouflée de l'Enfant-Jésus.

Par Cormontreuil, Saint-Léonard, Sillery, Reims est en communication avec la montagne couronnée de villages aux crus célèbres. A flanc de coteau, le moulin de Verzenay, à sept ou huit kilomètres du front boche et resté à peu près intact, semblait encore le braver impunément en 1918.

Du Sinaï, au sommet boisé de Verzy, les observateurs contemplent, durant certains jours et surtout certaines nuits de 1917 et de

1918, un spectacle d'horreur néronien. C'est là
le domaine d'un jeune capitaine d'artillerie, ancien élève de Centrale. De son poste bien camouflé, il embrasse l'immense panorama de guerre
des falaises de Craonne à l'Argonne. Au premier plan les vignes cultivées jusqu'au printemps de 1918; en avant d'elles, les squelettes
des bouquets d'arbres et des villages qui bor-
dent la route de Châlons, les ouvrages boule-
versés de la Pompelle et de la ferme d'Alger.
En face, à mi-coteau, la voie romaine et la
ligne blanche des tranchées taillées dans la
craie, les couloirs qui montent vers les
sommets désolés des monts de Moronvillers,
d'où jaillissent les explosions des torpilles
et des marmites.

L'officier vivant au Sinaï, dans un bois
épais, était devenu une sorte de personnage
sylvain, pour lequel la nature n'avait plus de
secrets. Rien ne lui échappe. A l'aide de ses
instruments d'optique, il fouille, il interroge
l'espace. La moindre fumée, la moindre poussière, le moindre mouvement suspect, attirent
son attention; il découvre, à de longues dis-
tances, les travaux que l'ennemi entreprend,
les colonnes en marche sur les routes camou-

flées, les batteries créées ou déplacées. Il distingue les vraies des fausses. Il ne se laisse pas prendre aux ruses de l'ennemi. Il note, il dénonce les tranchées, les abris nouveaux. Le général Gouraud faisait grand cas de cet officier, bien doué, à l'esprit réfléchi et scientifique, qui savait admirablement voir, lire sur le terrain même et qui n'affirmait aucun fait nouveau, sans un scrupuleux contrôle. L'observateur du Sinaï a dressé, corrigé jour par jour, heure par heure, la carte du front de Champagne, pendant de longs mois. Le poste ne fut déplacé qu'après les marmitages d'artillerie lourde à grande puissance, du printemps de 1918.

A cette date, dans les nuits d'avril, de mai, en même temps que s'élancent de tous les coins de l'horizon les signaux lumineux, les fusées, les rayons des projecteurs, en même temps que les éclatements surgissent comme des éruptions volcaniques, que les coups de départ sillonnent le ciel de leurs éclairs, d'immenses flammes dévorent les monuments et les maisons de Reims.

Pas de jour sans bombardement. Comme si les canons de tous calibres ne suffisaient pas, les avions jettent sur la ville leurs plus lourds projectiles et font pleuvoir la mitraille.

Nous devons à l'état-major du 1er corps colonial un tableau et une statistique très exacts des coups portés à la ville et à sa cathédrale, de février à septembre 1918 :

Furieux de n'avoir pu écraser les armées alliées et atteindre Paris, rageurs de voir avec quel dédain la population parisienne accueille leurs bombardements par « Gothas ou Berthas », les Allemands passent au début d'avril leur colère sur la ville martyre.

Du 8 au 15 avril, sans répit, la ville est couverte d'obus de toutes sortes où les toxiques et les incendiaires dominent. Des pièces d'artillerie lourde à grande puissance installées à Saint-Étienne-sur-Suippe se font remarquer par leur puissance de destruction et leur activité. De toutes parts des incendies s'allument et pendant une semaine la ville qui fort heureusement n'a plus d'habitants civils devient un immense brasier. La cathédrale, on ignore pourquoi, est cette fois épargnée, par contre, des quartiers comme la Haubette et Courlancy, qui jusqu'alors étaient habitables, sont l'objet de violentes concentrations de feux. Les détachements de sapeurs-pompiers et du génie sont renforcés par les troupes du secteur, ils font tous leurs efforts pour localiser les effets de l'incendie et pour éteindre les brasiers qui s'allument. Mais les foyers d'incendie sont trop nombreux et malgré tout le dévouement dont font preuve les sapeurs-pompiers, les sapeurs du génie, les territoriaux et les troupes du secteur, l'incendie se répand, et les troupes de secours sont vite débordées. Leur tâche est d'autant plus pénible et d'autant plus dangereuse que les Allemands s'emploient, par de nombreux tirs à obus explosifs ou à obus toxiques succédant aux obus incendiaires, à gêner le service de secours.

Le 21 avril, l'œuvre de destruction reprend, le centre de la ville est plus spécialement visé, il brûle à son tour et la cathédrale cette fois n'est plus épargnée.

Les bombardements incendiaires d'avril sont parmi les plus violents que Reims eut à subir pendant toute la campagne. Au moment où les rafales s'abattent sur la ville, on la voit disparaître sous un nuage de fumée et de poussière, et bientôt de très longues colonnes de fumée blanche ou noirâtre montent vers le ciel. Des quartiers entiers sont en flamme; on en distingue cinq sur lesquels s'acharne l'artillerie ennemie et d'où les colonnes de fumée s'élèvent plus hautes et plus denses; ce sont les abords de la cathédrale, la partie ouest de la ville, les environs de la gare, la partie entre la cathédrale et la Vesle, les quartiers de Courlancy et de la Haubette. La nuit, le spectacle est des plus impressionnants, les foyers d'incendie semblent se rejoindre, le ciel est empourpré, il semble qu'une longue bande de feu soit posée sur la ville. Pendant ces tragiques journées on compte à un moment 632 maisons qui brûlent en même temps. Le quartier central qui a été particulière-ment visé est entièrement détruit.

S'ils ont fidélement suivi les conseils de leurs anciens, de ce J.-J. Goerres qui en 1814 osait écrire : « Abattez, réduisez en cendres cette basilique de Reims où fut sacré Clovis, où prit naissance cet empire des Francs, faux frères des nobles Ger-mains, incendiez cette cathédrale ! » les Allemands d'aujourd'hui ne font plus comme leurs pères l'aveu cynique de leur brutalité. Tout aussi peu capables que leurs ascendants de comprendre la beauté, ils éprouvent comme eux une joie sadique à détruire ce que le monde entier respecte, et admire. Mais un siècle de « kultur » leur a appris à ne « jamais avouer » et aujourd'hui ils croient devoir expliquer au monde les raisons de leur conduite et ajouter un mensonge à leur crime uni-versellement réprouvé. Tantôt ils affirment que des postes d'observations français sont installés sur une des tours, ce qui est contraire à la vérité; tantôt les destructions sont imputées à des erreurs de tir, affirmation tellement grossière qu'elle ne mérite pas d'être réfutée ; parfois ils prétendent que nous avons des batteries près de la cathédrale, or, la lecture des plans d'emploi d'artillerie nous prouve qu'à aucun moment, pendant toute l'année 1918, même aux heures les plus graves, les batteries françaises n'ont pris position aux environs de la cathédrale.

## BOMBARDEMENTS
## DE REIMS ET DE LA CATHÉDRALE
### à partir de la fin du mois de février 1918.

*Première série.*

25 février. — 450 à 500 obus de divers calibres vers le centre de la ville. Toxiques sur la Place-Royale.

Nuit 28 février au 1er mars. — Tirs sur Reims provoquant des incendies à l'Hospice civil et à Dieu-Lumière (vers l'église Saint-Rémy). Durant ces incendies de 1 heure à 3 heures tirs fusants.

Nuit 1er au 2 mars. — 400 à 500 obus de 105 et 150.

2 mars. — 130 obus sur le faubourg de Laon et l'avenue de la République.

9 mars. — 500 obus.

21 mars. — 5.000 obus dont plusieurs sur la cathédrale.

27 mars. — 250 obus sur la ville. 10 obus de 105

sur la cathédrale. En outre, une pièce à longue portée (gros calibre) a tiré 6 obus sur la cathédrale.

28 mars. — Quelques obus.

31 mars. — Quelques obus.

1er avril. — Quelques obus.

2 avril. — Quelques obus.

4 avril. — Bombardement de la partie Nord-Est de la ville.

5 avril. — Bombardement de la même région.

6 avril. — Bombardement de la ville à 3 reprises différentes, faubourgs de Laon, Cérès, Quartier du Pont de Vesle.

7 avril. — Bombardement à 7 reprises de la périphérie et des environs de la cathédrale. Nombreux incendies.

8 avril. — 6 bombardements.

9 avril. — 7 bombardements denses, obus incendiaires.

10 avril. — Harcèlements continuels sur Reims, faubourgs Cérès, Saint-Marceau, Quartier Jeanne-d'Arc. Petits et gros calibres : plus de 2.000 coups.

11 avril. — Continuation des tirs : petits et gros calibres, obus incendiaires et autres.

12 avril. — Nombreux bombardements sur Reims, particulièrement sur le centre de la ville. Nombreux incendies.

Pendant cette période plus de 600 maisons ont brûlé; les tirs par rafale de l'ennemi, concentrés sur les quartiers du centre, ont allumé des incendies qui ont tout détruit.

Après les obus incendiaires, les Allemands tirent à explosifs pour gêner le service de secours organisé par les pompiers et la garnison. Tout le quartier central est détruit.

13 avril. — 150 obus sur la ville, quelques-uns incendiaires.

15, 16, 17, 18 avril. — Quelques obus sur la ville.

### Deuxième série.

21 avril. — Bombardements incendiaires de Reims. Tir lent d'obus incendiaires accompagné d'un tir de harcèlement. Incendies nombreux sur la rive droite de la Vesle.

22, 23 avril. — Quelques obus.

27 avril. — Bombardement des lisières sud-est.

2, 3, 4, 6, 15 mai. — Harcèlements sur les lisières E.

### Troisième série.

22 mai. — Bombardement ininterrompu de 5 heures par obus incendiaires, notamment sur Courlancy.

23 mai. — Harcèlements.

24 mai. — Quelques obus.

11 juin. — Bombardement des faubourgs de Paris et Sainte-Anne.

18 juin. — Très forts bombardements l'après-midi. Préparation de l'attaque d'ensemble du front de Vrigny à Cernay, emploi sur Reims de très gros calibres : 320, 420. Nombreux incendies sur plusieurs points de la ville, et notamment l'église Saint-Rémy brûle.

19 juin. — Quelques obus toxiques.

3 juillet. — Tir sur la cathédrale de Reims.

4 juillet. — Tir sur la cathédrale : 100 coups de 150 environ.

12 juillet. — Tirs à obus incendiaires sur la ville.

16, 17, 18 juillet. — Tirs violents.

24 juillet. — Tirs de gros calibre sur Reims.

25 juillet. — Tirs sur la ville.

29 juillet. — Tirs sur la ville.

8 août. — Tirs de harcèlement très nourris.

16 août. — Tirs de harcèlement très nourris.

19 août. — Tirs de harcèlement et tir d'obus de 210 sur la cathédrale.

23 août. — Bombardement par toxiques.

24 août. — Bombardement des faubourgs.

25 août. — Harcèlement par toxiques et explosifs.

26 août. — Harcèlement par toxiques et explosifs.

27 août. — Harcèlement par toxiques et explosifs.

1er septembre. — Harcèlement par toxiques et explosifs.

4 septembre. — Harcèlement par toxiques et explosifs.

On peut affirmer que si les nombreux combats livrés à la périphérie de Reims ont causé la destruction des quartiers en lisière, l'intérieur de la ville a été détruit par les formidables incendies d'avril et mai 1918, allumés par les obus spéciaux allemands tirés sur la ville en quantités considérables et en dehors des combats. La folie de destruction allemande s'est exercée sur la cathédrale et sur l'ensemble de la ville dans le seul but de les anéantir. Les prétextes invoqués au sujet de la cathédrale ont tous été inventés par l'ennemi et ne sont que mensonges.

Il faut se représenter, dit un combattant, la vie dans Reims comme dans un décor de flammes. « Certaines nuits, on croyait voir d'immenses feux de bengale...

« Le martyre de la ville avait été très lent. On eût dit que les Boches faisaient durer le plaisir; ils avaient le prétexte de tirer sur les batteries de la périphérie. Maintenant, ils bombardent avec frénésie; ils emploient les obus incendiaires et il ne leur reste plus l'ombre d'un prétexte, presque tous nos canons ont été retirés sur la rive gauche de la Vesle. Et l'agonie se précipite...

« Les quartiers du centre ont brûlé l'un après l'autre : demeures cossues du quartier Cérès, maisons commerçantes de la rue Royale et de la rue Thiers, vieux hôtels du XVIII<sup>e</sup> siècle endormis à l'ombre de la cathédrale, maisons de bois sculptées du Marché, maisons à pignon et à arcades de la rue de l'Étape, petites demeures ouvrières du Barbâtre et de Dieu-Lumière, le fléau s'est abattu indifféremment sur tout ce qui était beau ou laid, vieux ou neuf, pauvre ou riche.

« L'infernale vision restera gravée dans toutes les mémoires : la nuée rouge et sombre avec des langues de flammes et des gerbes d'étincelles jaillissant vers les étoiles; la cathédrale, bloc gigantesque ajouré avec ses rangées d'ogives béantes sur la tempête de feu. Aux tranchées et sur les terrasses de Pommery, des groupes d'hommes songeurs, figés comme des statues contemplent l'œuvre de destruction. Point d'étonnement; ils en ont tant vu et ils s'attendent à tant de choses! Seule une muette indignation les étreint... (1) »

Citons les notes d'un soldat :

« Des maisons où le feu fait rage, mais dont la carcasse est intacte; rien que les fenêtres violemment éclairées avec leurs rideaux flottant au dehors; on dirait que le diable donne une soirée. Dans d'autres, l'œuvre est accomplie : pas de flamme, un peu de braise, une barre rouge dans le noir. D'autres vaguement éclairées, petites demeures de pauvres, serrées les unes contre les autres et résignées, semblent attendre leur tour. Partout des craquements sinistres, la résistance des choses qui, confusément, protestent... Le feu est le maître. Il ne se presse pas, il a le temps pour lui; il agit par soubresauts, par crises, il enveloppe, il lèche, il semble caresser avant de dévorer... Est-ce partout l'œuvre de mort, la désespérante solitude? Non; dans le ciel brouillé de nuages, des avions ronronnent, on dirait que les hommes ayant fui cette ville maudite se sont réfugiés en haut. Au détour d'une rue apparaît sou-

(1) Historique du 63ᵉ R. I. : *Le six-trois au feu,* par Nouaillac, ancien porte-drapeau du 63ᵉ.

dain une lune très rousse, boule de feu errante qui ne sait, sur cette ville déchiquetée, où se poser... »

Nulle part aussi férocement qu'à Verdun et à Reims n'apparaît la guerre d'anéantissement absolu, la guerre sans merci ni pitié, la guerre-fléau, la guerre de terreur, telle que Bernhardi en a exposé la théorie à la veille de 1914. Le cataclysme n'a pas passé là comme une trombe. Il dure pendant quatre ans, presque sans interruption. Les bombardements se succèdent, tantôt violents, par rafales, exécutés par des pièces de tous calibres, tantôt ralentis; mais, quelle que soit la cadence de l'œuvre de mort, celle-ci est menée sans trêve ni répit, avec une infernale volonté de ne rien laisser intact et de réduire en poussière les ruines elles-mêmes.

Reims comptait 14.000 maisons en 1914. Treize maisons seulement ont échappé aux coups de l'artillerie allemande. La plupart sont complètement effondrées. Leurs pierres formaient des barricades, des obstalces difficiles à franchir même dans les plus larges rues de la ville.

Les Allemands par tous les moyens ont essayé de détruire les caves transformées en abris vastes et sûrs ; mais les voûtes ont résisté aux obus les plus monstrueux. Les issues seules des souterrains repérés par les avions furent plusieurs fois atteintes.

A toutes les réprobations, à l'indignation, aux protestations du monde civilisé devant leur effroyable vandalisme systématique, les Allemands répondaient dans leurs communiqués, ils répondent encore pour essayer de se justifier :

— Nous avons agi en représailles...

Représailles de quoi?

L'Allemand considère comme un attentat l'acte de légitime défense du peuple qu'il attaque !

Les villages, immédiatement voisins de Reims, ont partagé le sort de la ville. Les autres, plus éloignés, ceux de la montagne, furent cruellement éprouvés en 1918. Verzy, Verzenay, durent être évacués, en mars, en même temps que Reims. Mailly, Ludes, Chilly-aux-Roses, Villers-Allerand, Rilly devinrent bientôt inhabitables, sous les averses fréquentes des projectiles lourds.

Tauxières, à 15 kilomètres du front, quartier général du corps d'armée colonial et toutes les communes de la région jusqu'à Épernay n'ont pas été épargnées.

Les villages, à l'ouest de Reims, englobés dans la zone de bataille de juin et de juillet, ont été brûlés; ils sont entièrement détruits.

Qui a vu les habitants de ces contrées les abandonner précipitamment, porteurs d'un maigre bagage; qui fut témoin des résistances opposées par ces pauvres gens vivant depuis de longs mois dans la zone de bataille, lorsqu'on dut leur faire comprendre et même leur signifier l'ordre d'exode; qui a entendu leurs lamentations, parfois leurs protestations explicables mais injustes; qui a vu couler leurs larmes, sait de quelle affection le Français entoure son bien, son champ, son foyer, sa maison familiale, son village natal et combien les exilés, réfugiés errants à travers la France, ont souffert !

J'ai visité plusieurs fois, de 1914 à 1918, Reims et sa banlieue, en qualité de membre de la commission de l'armée de la Chambre des députés. Il était encore possible d'y loger, en 1916, au vieil hôtel du Lion d'Or, sur la place de la cathédrale, où la petite Jeanne d'Arc de bronze, levait son épée, à laquelle on avait attaché un drapeau.

Dans les tours de l'église, les corbeaux par bandes, croassaient, et parmi les débris de pierre, les pigeons roucoulaient. La brise agitait les hautes herbes qui envahissaient les rues et les maisons écroulées.

A l'hôtel, autrefois brillant, nous étions, un de mes collègues et moi, les seuls voyageurs. Vers vingt heures, les volets hermétiquement clos, et lorsque le silence se fit, à peine troublé par quelques coups de canon tardifs, le patron de l'hôtel nous servit à dîner dans la salle à manger. Une simple bougie éclairait la vaste pièce, et l'hôtelier, après nous avoir conté les alertes et les misères de la ville, nous fit part de ses projets d'avenir. La maison restait debout; il espérait que l'offensive prochaine refoulerait l'ennemi et qu'une clientèle nombreuse et riche affluerait dans la ville enfin dégagée. Hélas ! le beau rêve s'est évanoui. Quelques mois plus tard, l'hôtel, longtemps épargné, s'effondrait sous les obus. En 1918, pas un mur de la maison ne restait debout. Le Palais de Justice, de l'autre côté de la place conservait seul encore une façade présentable. Les projectiles éclataient tout autour. Les pierres s'effondraient, s'écrasaient sur le sol jonché de débris de toute nature et de bouteilles brisées. Le parvis de la cathédrale était couvert de sculptures émiettées et d'éclats d'obus.

Par les fentes des planches de la clôture, l'intérieur de l'église apparaissait encombré de matériaux, et de ruines amoncelées.

Les obus ronflaient, sifflaient, s'abattaient sur ces éboulements.

La ville semblait une cité de mort, désertée de tous. A peine rencontrait-on quelques hommes de corvée aux issues vers le sud. La circulation devenait difficile dans les rues. Un peu de vie et d'animation ne se manifestaient qu'au faubourg de Vesle, gardé par un détachement de gendarmerie. Les avant-postes ennemis étaient, en 1918, éloignés du pont du chemin de fer d'un kilomètre à peine, à droite.

Les soldats territoriaux du 88e, logés dans les abris du talus de la voie ferrée, avaient pour mission de défendre les barricades armées de mitrailleuses. Braves gens, fatigués, vieillis, mais dont le moral excellent faisait l'admiration de ceux qui les voyaient à l'œuvre.

L'historique de la garnison de Reims ne serait pas complet, si nous omettions d'insister sur la part glorieuse prise à la défense par ces détachements de troupes territoriales.

En janvier et jusqu'à mars 1918, leur mission consistait à surveiller certains points importants, ponts, passerelles, voies ferrées. Ils renforcèrent aussi les 113e et 158e sections de gendarmerie et les aidèrent à assurer la police à l'intérieur. En avril, dans la ville en flammes, deux bataillons, l'un du 88e régiment territorial d'infanterie, l'autre du 5e se joignirent aux pompiers, détachés du régiment de Paris, à ceux de Reims et à une compagnie du génie spécialement affectée, qui combattirent, sous les obus, le plus dévorant des incendies.

Après le 27 mai 1918, le rôle de ces bataillons et celui des compagnies de mitrailleurs de position qui ne comptaient dans leurs rangs que des territoriaux, n'a pas été moins actif que celui des corps de la 134e division.

Les compagnies de mitrailleurs, au nombre de 10, se rattachaient administrativement au 500e régiment d'infanterie territoriale. Le commandement les avait ainsi réparties :

1º L'État-Major du 24e bataillon et 4 compagnies (C. M. P. 152-157-160-163) dans Reims et au pourtour de la ville;

2º La C. M. P. 164 du 24ᵉ bataillon et la C. M. P. 352, du 4ᵉ bataillon en position à la Haubette;

3º La C. M. P. 353, du 4ᵉ bataillon, à Trois-Puits et deux compagnies du 25ᵉ bataillon (165ᵉ et 323ᵉ) à Bézannes.

Toutes ces unités ont vécu des heures difficiles dans Reims où, chaque jour pendant quatre mois, elles ont été soumises à des bombardements incessants.

« Les mois de juin et de juillet surtout ont été angoissants pour elles. La forme du front qui rendait tangible la menace d'encerclement et qui se prêtait admirablement aux concentrations de feux de l'artillerie ennemie, les assauts puissants et répétés lancés sur l'ensemble de la zone de défense, les obus incendiaires, l'avance allemande en juillet dans le bois de Courtron et la vallée de l'Ardre qui, tous les jours, augmentait les chances de blocus par l'armée allemande, tout cela réuni aurait pu déprimer le moral de soldats âgés et fatigués par quatre années de campagne. Il n'en fut rien, les territoriaux avaient l'âme

aussi bien trempée que les soldats de l'active;
ils le firent voir à Reims et ils méritent que
soit mentionnée la grande part qui leur revient dans le succès de nos armes dans ce coin
de terre française. » (*Rapport inédit.*)

Avec les territoriaux, collaborant avec eux,
les gendarmes, soldats d'administration, pompiers, pionniers, techniciens militaires occupés
au déménagement singulièrement périlleux des
œuvres d'art que l'on se décidait bien tardive-
ment à sauver, rivalisaient de dévouement,
d'abnégation et de courage. Les Chambres auraient pu décréter :

« La garnison de Reims a bien mérité de la
patrie. »

Le cran de la magnifique 134e division n'a
jamais baissé. L'Historique de ses trois régiments note les incidents quotidiens d'une vie
épique :

« Singulière impression que l'on éprouve
aux portes de Reims ! Il y a des horizons qui
prédisposent au cafard nos hommes habitués
à vivre dehors et à contempler indéfiniment le
même coin de terre auquel ils sont attachés,
comme les serfs à la glèbe. Malgré son immense
désolation, Reims ne pèse pas sur le cœur : on

a derrière soi un fantôme de ville, et comme le mirage de la civilisation et l'illusion de la vie. Mais il y a des jours où le spectacle de la ville enflamme les cœurs d'une sainte colère. Les bombardements où chaque coup retentit très fort sur les pavés et les murs, suivis de bruits sourds d'écroulements, nos hommes ne les comprennent pas. Ils trouvent naturels les tirs sur les tranchées, mais sur une ville, ce n'est pas de franc jeu, c'est du boche. Que de réflexions indignées !... Et quelles malédictions quand les gros flocons blancs des éclatements montaient au-dessus de la masse dentelée de la cathédrale. Car la cathédrale en imposait même aux plus simples... Ils ressentaient obscurément qu'elle était une grande belle chose du patrimoine français, qu'elle était un symbole et un drapeau, et qu'ils avaient à la garder. »

Rares sont les instants de répit, plus rares encore les distractions.

« Le 1er janvier 1918, on sable le champagne officiel mais on ne bénéficie d'aucune trêve. »

Activité moyenne des deux artilleries, constate le journal de siège.

Semaines d'hiver monotones, lourdes, sans

échappées sur le futur, comme si la guerre ne devait jamais finir.

La ville de Reims est fermée aux tournées du théâtre aux armées; aux artistes de la Comédie-Française ou de l'Opéra; mais les régiments improvisent des concerts et des représentations.

A Noël 1917, à Saint-Brice, le 63ᵉ joue une revue *la Madelon*, du lieutenant Nouaillac :

Nous avons fait la Marne et la Somme et l'Alsace,
L'immortelle Verdun, la Champagne et l'Artois,
Nous avons plus d'un tour dedans notre besace;
Quand on cogn'sur Bochard, j'vous jur' qu'on n'a
[pas froid !

A quoi rêvent nos soldats, demande la commère? La réponse vient à toutes les lèvres :

— A la paix par la victoire !

Pendant plus de huit mois, sans détente, les poilus de Reims passent des tranchées dans les caves. La mitraille, les gaz empoisonnés les déciment; les ravitaillements deviennent de plus en plus difficiles et dangereux; et cependant il n'y a parmi eux ni panique, ni découragement.

«La vie de tranchée, dit l'historiographe philosophe du 63ᵉ, n'est pas toujours elle-même

un enfer. Il y a des journées, — et assez nombreuses, Dieu merci ! — où, dans la simplicité
de leur cœur, nos hommes boivent et mangent
à ventre déboutonné, jacassent comme des
pies, discutent à tort et à travers, blaguent
n'importe qui, plaisantent, rouspètent sans
rime ni raison, se chamaillent sans méchan-
ceté... puis s'endorment comme des bienheu-
reux, en rêvant à tout ce qui n'est pas la
guerre... »

Mais, après l'offensive de mai 1918, il n'y a
plus un instant de sécurité ni de repos.

On ne peut s'imaginer l'effort fourni par
nos soldats. Il faut les voir pour s'en rendre
compte, me disait un de leurs officiers.

« Effort constant qui ne se relâche que par
ordre, c'est-à-dire lorsque se fait la relève. Oui,
il faut voir pour croire, et moi-même, au front
depuis quatre ans, je suis encore dans l'étonnement de ce que nous obtenons et de ce que
l'homme peut déployer de force d'âme et de
caractère. Et si vous saviez l'entrain qui anime mes hommes. »

Le Boche par les alertes, les bombardements
les émissions de gaz, espérait rendre la vie intenable aux troupes que les plus terribles as-

sauts n'ont pas ébranlées. Mais notre soldat supporte toutes ces souffrances, toutes ces épreuves avec une endurance inouïe, telle que ne peuvent même la soupçonner ceux qui n'en ont pas été les témoins.

A l'arrière cependant, une légende facile se crée et se répand :

*Tant qu'il y aura du pinard à Reims on tiendra.*

« Il ne faut pas prendre trop au sérieux cette boutade destinée à ébahir le civil. Nos hommes — pourquoi ne pas le reconnaître? — ont goûté au bon vin de Champagne. Il eût fallu des saints pour résister à la tentation des caves béantes dans une cité déserte. S'ils n'ont pas été des saints, ils n'ont pas été des diables, et la discipline n'a pas eu à en souffrir. »

Les reproches se firent quelquefois sévères à l'égard du régiment de marche d'infanterie légère des bataillons d'Afrique de la 45e division et des régiments coloniaux; mais il importe d'observer, d'une part, que les zéphyrs n'ont jamais occupé la ville, de l'autre que, seule, la 3e division coloniale a été cantonnée dans Reims, du 29 août au 5 octobre 1918.

Nous ne saurions invoquer témoignage plus

autorisé que celui du général Mazillier, sou-
cieux de la réputation des troupes placées
sous son commandement :

« A plusieurs reprises, nous dit-il, on a accusé
les troupes d'avoir pillé la ville et les anecdotes
les plus exagérées, même les plus ridicules ont
été lancées dans le public et dans les journaux.
Les légendes sont parfois excellentes, cependant il serait contraire à la vérité et à notre
intérêt bien compris de laisser s'accréditer
celle du pillage par nos soldats. A partir de
1914, la ville s'est vidée peu à peu de ses habi-
_tants. La municipalité de Reims, qui s'est
bravement dévouée au maintien de l'ordre et
de la vie, pourrait l'attester.

« En janvier 1918, il ne restait plus dans
Reims que quelques milliers de personnes.
Une grande partie occupée au travail des caves et le reste comprenant les gens qu'on trouve toujours comme les chacals partout où on
peut prendre part à une curée.

« Les maisons abandonnées étaient à la merci de ces gens, connaissant tous les passages et
les recoins d'une grande ville. Ils offraient aux
troupes qui tenaient le front, des provisions,
des liquides principalement, qu'ils savaient

trouver. Ils servaient d'indicateurs aux maraudeurs, aux isolés qui circulent toujours entre les lignes de défense, malgré une police vigilante. Au moment des relèves, le départ des troupes était très favorable à leurs rafles, sachant très bien dire que tout le mal avait été fait par les partants. Il ne faudrait pas connaître les soldats français pour ne pas leur attribuer une bonne part dans les visites aux caves, mais généralement leurs méfaits s'arrêtaient aux bouteilles, aux provisions de bouche, tandis que les indicateurs savaient prendre les bibelots, objets divers, faciles à dissimuler. Nombreuses ont été les plaintes, au commandant de la place, d'honnêtes gens, venus de l'arrière avec l'autorisation d'emmener leur mobilier, qui ont trouvé la maison vide. De plus débrouillards étaient passés les premiers et s'étaient dévoués pour emporter les meubles riches d'un voisin et les soustraire au bombardement.

« L'évacuation de la ville par les civils fut ordonnée en février et poursuivie en mars, et les bruits de pillages par les troupes prirent, dès lors, à l'arrière, une grande intensité. Les partants qui avaient quelques peccadilles à se

reprocher ne savaient pas, à cette époque, que
les incendies allumés par les obus boches dé-
truisaient tout et ils tenaient à établir à
l'avance que ce qui manquerait serait de la
faute des troupes.

« Il n'était certes pas facile d'arrêter les
maraudeurs de bouteilles, car nos soldats
français ont crié leur besoin de pinard à tous
les échos. Aussi les troupiers, fertiles en ruses
et malgré les conséquences possibles, les envois devant les conseils de guerre, trouvaient le moyen de tromper la vigilance
des patrouilles, des postes et même des gendarmes. Ils simulaient une alerte, — accou-
raient pour éteindre un commencement d'incendie, — cherchaient des outils, des objets de
literie pour les postes, pour les blessés, etc...
On raconte qu'un jour un poste de gendarmes
avait arrêté le convoi funèbre d'un officier et
qu'à la place d'un cercueil, on avait découvert,
sous le drap, une grande caisse pleine de bouteilles que les soldats accompagnaient en don-
nant les marques d'une peine profonde pour
un chef qu'ils aimaient.

« Un autre jour, c'était une caisse mélangée
aux cartouches, etc... Aussi nombreux que tous

ces pillages ont pu être, ils s'arrêtaient toujours pour les troupes à ce qui se boit ou se mange.

« Pour les civils, il en était sensiblement de même, exception faite pour quelques objets faciles à emporter et à dissimuler. Mais la masse de l'outillage, des installations, des approvisionnements, laine, cotons, tissages, tissus, cuirs, etc... a été la proie des flammes et des obus.

« Il faut avoir parcouru la ville aux diverses époques de la destruction pour se faire une idée de la rapidité des dégâts sous l'action des bombes incendiaires. Là, impossible de limiter le désastre, et les approvisionnements furent d'autant plus vite anéantis qu'ils alimentaient mieux l'incendie, œuvre des Allemands, voulue et systématique. »

Après l'armistice, lorsque les vrais soldats s'éloignèrent de Reims, la ville fut malheureusement abandonnée longtemps à des non-combattants de l'arrière et à des rôdeurs accourus en dépit des consignes sévères. On a imputé trop souvent à la garnison du siège, les méfaits commis par ces indésirables de passage.

# LA VICTOIRE. — REIMS DÉGAGÉ

## VII


La grande bataille, engagée le 15 juillet,
l'avant-dernière livrée autour de Reims, s'est
terminée le 26; les combats ne se poursuivi-
rent activement et sans interruption que dans
la région de l'Ouest. Cinq divisions couvraient
encore la ville de gauche à droite, dans l'ordre
suivant : 77e division, 2e coloniale, 168e et
134e métropolitaines, 3e coloniale. Dans ces
derniers jours de juillet, l'ennemi se trouve
singulièrement ébranlé par l'action puissante
et continue des 1re et Xe armées sur son flanc
droit, par la pression exercée sur son front
au nord de la Marne et par les coups répétés
de la Ve armée dans son flanc gauche. Les rares
communications qu'il possède dans la hernie,
entre Soissons et Reims pour ses ravitaillements et ses évacuations, s'engorgent sérieu-

sement. Notre aviation, très agressive, combine ses coups répétés avec ceux de l'artillerie, en sorte que, de jour comme de nuit, les troupes et les convois boches sont soumis à des bombardements aériens terrifiants dans les parties où notre canon ne peut les atteindre.

La situation pour les troupes allemandes, à l'intérieur de la poche, devient périlleuse, pour ne pas dire, intenable.

Les troupes du kronprinz reculent donc afin de réduire le saillant où elles ne manœuvrent plus que péniblement; elles cèdent devant la gauche de la V$^e$ armée.

Leurs colonnes en retraite défilent d'Anthenay sur Villers-Agron et sur Vézilly. Le général Berthelot, commandant la V$^e$ armée, ordonne de les talonner vigoureusement; il lance à leurs trousses sa cavalerie impatiente.

Le 28 au matin, la 77$^e$ division, général Serrigny, en liaison à Bligny avec les Anglais, pousse jusqu'à la Croix-Ferlin. Sur le front des deux divisions coloniales et de la 148$^e$, l'ennemi retranché contient notre avance au moyen de ses mitrailleuses. L'artillerie allemande inonde de projectiles toxiques nos positions et nos cantonnements de repos à sa portée.

Le 79e d'infanterie, après une courte préparation, réoccupe l'ancienne ligne italienne à l'ouest de Vrigny. L'aviation française renseigne l'état-major sur la retraite certaine et générale de l'ennemi, qui n'oppose que des arrière-gardes.

La 77e divison pénètre, le 29, dans le bois de Houleux et dans le bois de Breneuil; elle brise une contre-attaque le 30, et, bien que fatiguée et fort éprouvée, elle organise la défense de la Croix-Ferlin et de Sainte-Euphrasie contre un retour offensif.

Les 30 et 31 juillet, combats d'artillerie.

Le 31, pendant la nuit, la 77e étend son front jusqu'à l'Ardre. Peu à peu se trouve donc reconquis le terrain perdu le 27 mai.

A l'est, le calme règne jusqu'aux confins de la IVe armée.

Le 2 août, les patrouilles marquent un nouveau repli ennemi, les reconnaissances hardies de cavalerie française poussent jusqu'à Sarcy, entre Chambrecy et Bouleux. Elles signalent de grands incendies à Fismes, à Crugny, à Faverolles. Nos troupes ne sont plus qu'à 2 kilomètres de Ramigny et de Ville-en-Tardenois. Le front passe maintenant par Germigny,

Janvry, Gueux, la cote 107 et les abords de Thillois.

Le 3, la progression se poursuit vers la Vesle, mais la rive nord de la rivière est encore infestée de mitrailleuses et littéralement criblée d'obus toxiques, qui en interdisent l'accès.

Notre infanterie occupe la route de Rosnay à Gueux, le bois de la Fouaille, la cote 114, le parc du château de la Malle, et la lisière sud de la Neuvillette. Reims échappe donc peu à peu, à l'ouest, à la pression de l'ennemi.

Ordre à la 134e division de maintenir partout le contact le plus étroit, de « tâter l'adversaire, en remontant la rive droite du canal, avec pour objectifs, les tranchées Tergnier, le village nègre et le réduit de l'aviation sur le territoire de Bétheny (1) ».

Le 4, nous atteignons partout la rive sud de la Vesle, dont les ponts sont rompus et dont les abords sont bombardés et mitraillés par l'arrière-garde allemande, encore solide.

La progression est sensible dans la Neuvillette; la 134e division est maîtresse du village à la fin de la journée.

_______

(1) *Journal de marche de la 134e division* (inédit).

« Les opérations de la 134<sup>e</sup> division, exécutées à la périphérie de Reims, sont d'autant plus méritoires que, étendue sur un large front, elle ne dispose pas de réserves nombreuses et n'est appuyée que par son artillerie organique.

« Les 65<sup>e</sup> et 100<sup>e</sup> d'infanterie, renforcés d'unités sénégalaises, font preuve, pendant ces journées, de belles qualités manœuvrières et réduisent les centres de résistance ennemis par l'emploi judicieux des engins de tranchée et des canons de la défense contre tanks utilisés comme artillerie d'accompagnement (1) ».

La lutte autour de Reims, pour en occuper et en garder les avancées devient alors farouche dans les premiers jours du mois d'août. Un vigoureux effort porte sur la Neuvillette. Les 65<sup>e</sup> et 100<sup>e</sup> d'infanterie sont engagés; le 4 et le 5, deux bataillons de ces régiments progressent dans le village jusqu'au canal. Nos soldats conquièrent maison par maison, mètre par mètre dans les tranchées, prennent le cimetière d'assaut et d'un dernier bond, atteignent les bâtiments nord. La Neuvillette est à nous.

(1) Rapport inédit du 1<sup>er</sup> corps colonial.

Le 100ᵉ d'infanterie continue le mouvement offensif sans relâche sur la ferme Pierquin, la route de Neuvillette à Bétheny et l'ouvrage, dit du général Aimé, plusieurs fois pris et repris et conservé malgré quatre furieuses contre-attaques allemandes. A partir de ce moment, nous tenons notre ancienne ligne d'avant le 27 mai. (Historique du 100ᵉ régiment d'infanterie.)

En quatre jours, le 65ᵉ enlève la ferme de Constantine, les villages de Tinqueux, Saint-Brice, Courcelles et Champigny; le pont du chemin de fer de ce village sur la Vesle, le parc et le château de la Malle, la tranchée de la Malle, le Pont Saint-Thierry. (Historique du 65ᵉ.)

Le 63ᵉ d'infanterie, que renforce le 45ᵉ bataillon sénégalais, demeure toujours confiné au sud-est dans les tranchées face à Cernay, en avant du faubourg Cérès et de la butte Pommery. Tant que les Allemands resteront maîtres de Berru-Nogent-l'Abbesse, aucune progression dans le secteur n'a chance de succès. L'ennemi se montre cependant nerveux et inquiet. Quelle que soit la force de ses positions avec leurs pièges savamment tendus depuis quatre ans, si inabordable que soit le terrain littéralement couvert de fils de fer, l'Allemand redoute une tentative française.

Le 6 août, aux P. C. du 63e, s'abattent sur les seuls retranchements de ce régiment 2.300 obus de 77 et de 105 et 430 obus de 150, sans compter les rafales d'arsine.

Le 11 août, précédée par une averse de minen, l'infanterie boche se précipite sur les tranchées où elle se brise.

Dans la nuit du 12 au 13, alerte aux gaz ! 4 hommes meurent sur place, 22 sont intoxiqués. Des combats à la grenade mettent aux prises les soldats des deux tranchées adverses, le 17 août. L'ennemi est chassé des petits postes qu'il nous avait enlevés vers la Voie romaine.

Les soldats du 63e assistent, hélas ! impuissants, pendant les journées qui suivent, à des bombardements de la façade occidentale de la cathédrale jusqu'alors à peu près épargnée, par les batteries de Saint-Thierry, très rapprochées de la ville.

Le 26 août, la 134e division d'infanterie, maintenue à Reims, sans un jour de repos, depuis octobre 1917, est définitivement relevée par la 77e; la 45e remplace la 2e coloniale qui, de son côté, occupe, à partir du 18 septembre, les positions de la 3e à l'est de Reims.

Du 18 août à la fin de septembre, les bombardements se succèdent presque chaque jour. Notons les plus violents :

19 août, tirs ininterrompus. Obus de 210 sur la cathédrale;

22 août, obus toxiques sur toute la ville;

24 août tirs sur les faubourgs, dont les dernières maisons restées debout s'écroulent;

Du 25 août au 4 septembre, les obus toxiques et explosifs font de nombreuses victimes. Les pertes quotidiennes de la garnison de Reims, sans aucune action d'infanterie, varient entre 60 et 80 hommes.

A la fin de septembre, une nouvelle grande bataille, cette fois décisive, en ce qui concerne Reims, est engagée à vingt kilomètres à l'est de la ville; comme en 1915, elle s'étend en avant de Châlons, par Auberive, Souain, Tahure et à travers l'Argonne jusqu'à Montfaucon.

Les anciennes divisions de la défense de Reims, après un court séjour dans la région voisine d'Épernay, vont rentrer en ligne.

Elles réoccupent les positions de défense hors de la ville.

Déjà, la 2e division coloniale tient le secteur de l'est, depuis le 18 septembre; la 3e remplace la 77e métropolitaine à Reims même, et, sur la périphérie, dans l'ordre suivant, de gauche à droite : 2e régiment d'infanterie coloniale, 23e, 7e.

La 134e division s'engage au nord-ouest, dès le 1er octobre. La Ve armée pivote sur Reims et s'avance vers la route de Laon. Les arrière-gardes allemandes ne se cramponnent plus au sol. « La progression s'accentue dans une atmosphère de grandes manœuvres (1). » L'ennemi abandonne bientôt ses lignes de la Suippe.

Enfin, à leur grande surprise, les soldats de la 134e, le 6 octobre au matin, entendent s'éloigner la canonnade, qui cesse bientôt complètement de Brimont à Berru. Ils n'en peuvent croire leurs oreilles ni leurs yeux.

Des saucisses françaises planent maintenant sur les hauteurs qui tonnaient, depuis septembre 1914, contre les lignes françaises.

(1) Historique du 63e.

La IV<sup>e</sup> armée, en effet, a remporté une grande victoire. Le 27 septembre, elle a franchi la butte de Souain et les lignes de Tahure ; le 2 octobre, elle a refoulé l'ennemi de Sainte-Mary-à-Py et, soutenus par des chars d'assaut, les 11<sup>e</sup> et 21<sup>e</sup> corps font tomber le plateau de Notre-Dame-des-Champs.

L'armée allemande, débordée par l'avance de la V<sup>e</sup> armée au-dessus de Reims au nord, par celle de la IV<sup>e</sup> armée, en marche, au delà de Somme-Py et de la Vaumoise sur Vouziers, ne peut plus conserver les monts de Champagne. Il lui faut enfin s'éloigner de la ville, abandonner Berru et Brimont, où les garnisons et l'artillerie allemandes attardées risquent d'être entourées et capturées.

« On ne voudrait pas voir le Boche, dit l'historien de la 3<sup>e</sup> division coloniale, nous fausser compagnie. Aussi engage-t-on le fer avec lui. »

Le 30 septembre, la 168<sup>e</sup> division d'infanterie a passé la Vesle et elle a pris possession de Merfy et de tout le massif de Saint-Thierry.

Le 1<sup>er</sup> octobre, sans coup férir, une reconnaissance du 21<sup>e</sup> colonial, pénètre dans la verrerie de la Neuvillette.

Le 2, le régiment tout entier et le 7<sup>e</sup> s'avancent vers le nord; mais les Allemands qui déménagent en toute hâte, contiennent encore les assaillants par des feux nourris de mitrailleuses.

Le 3, la progression est reprise; le 23e colonial approche de Vitry-lès-Reims, non sans livrer de vifs combats.

Le 4, l'ennemi pour retarder la marche en avant de nos divisions, déclenche des contre-attaques, mais sans succès, et le 5 octobre, la retraite boche se précipite.

Le 5, des patrouilles de cavalerie, poussées vers Vitry-lès-Reims, chassent devant elles de petits détachements d'infanterie et des cyclistes boches. Elles reconnaissent le fort de Vitry et les pentes nord de Berru, évacués et libres. Le ballon 76, qui suit le mouvement offensif des coloniaux, avise que l'ennemi est en pleine retraite et que Reims, hélas ! détruit, n'a plus à redouter les obus ni les torpilles.

Les avant-gardes du 13e corps entrent à Pont-Givort et à Bourgogne; le 5e et le 28e abordent le Mont-Sapigneul, devant lequel sont tombés pendant quatre ans des milliers de nos soldats.

Le front était « porté du confluent de la

Suippe, sud de Berry-au-Bac, à la Suippe entre Aguilcourt et Orainville, à Bourgogne, à Vitry-lès-Reims, à Beine (1), enfin à la ligne de l'Arnes entre Clément et Saint-Étienne ».

Le 7, les coloniaux prennent solidement pied sur la Suippe, où, pendant plusieurs jours, les dernières bonnes troupes allemandes, afin de sauver leurs magasins de l'arrière et d'assurer l'évacuation de leur grosse artillerie et d'une partie des munitions, se défendent avec acharnement.

Le 11 octobre, les divisions de la Ve armée tiennent toute la ligne de la Suippe; le 15, le département de la Marne est entièrement libéré; mais quel spectacle de désolation, fin septembre et en cette première quinzaine d'octobre, dans la région de Champagne dévastée par plus de quatre ans de guerre et que l'ennemi achève de ravager, en se retirant !

Maintenant, écrit un témoin, que nous ne sommes plus absorbés par les opérations, il nous est loisible de faire un retour en arrière.

Tous ceux qui virent Reims dans cette fin de septembre avant qu'on ait mis de l'ordre dans

_____

(1) *La Bataille de France*, page 272.

toutes ces ruines, conserveront en eux un sentiment de profonde tristesse devant ce spectacle de
désolation, devant cette Pompéi moderne, mais
aussi de légitime fierté d'avoir conservé à la France
cette ville vierge et martyre. Nous avons suivi
toutes les étapes de son long calvaire et assisté à
son agonie. Nous avons vu brûler Saint-Rémy
encore intacte au mois de mai. Nous avons vu un
autre clocher flamber toute une nuit comme une
torche immense. Nous avons vu, sous les grosses
marmites, les pierres de la cathédrale, déjà en
ruine, voler en éclats... les choses ont leur tristesse,
mais aussi leur éloquence.

Avant que le Boche se décide à reculer, nous
avons vu, lors de notre avance, le ciel illuminé par
les incendies des magasins, des dépôts, des villages. C'était la méthode employée déjà au mois de
mars de l'année précédente...

Dans *Reims dévastée*, Paul Adam exalte
la cité martyre : « Jamais, dit-il, Reims n'a
rayonné si loin pour l'éternelle cause de la
noblesse, de la grandeur latines à préserver
de l'emprise tudesque. »

J'ai revu Reims, lieu de pèlerinage national,
Reims, qui prend, le dimanche, des airs de
kermesse dans les ruines, car les ouvriers de
toutes les races et de toutes les nations et les

mercantis y affluent, Chinois, Arabes, Italiens, Espagnols, population cosmopolite, mêlée d'aventuriers dangereux.

Le contraste est partout dans les rues propres et bien tenues, comme celles de la plupart des grandes cités, sillonnées par les promeneurs en foule, par les tramways, par les voitures et les autos de luxe, mais qui sont bordées de décombres. C'est comme une activité prodigieuse dans une cité qui ne présente plus que des squelettes de maisons, des baraquements et des échafaudages.

On y rencontre des hôtels, des restaurants, des magasins bien achalandés dans des bâtiments qui n'ont pas de toiture, des milliers d'habitants qui logent dans des caves ou dans des cabanes construites en planches ou en débris de toute nature.

Ces braves gens adorent leur vieille ville de Reims, où ils comptent bien un jour se retrouver chez eux et en famille et qu'ils s'acharnent à relever avec une volonté, un courage inlassables.

L'industrie du champagne, grâce à ses caves non atteintes par le feu ni par le fer, est déjà à peu près rétablie, grâce aussi à l'effort de volonté et aux capitaux de ceux qui la dirigent.

Contraste encore, contraste saisissant entre les bâtisses neuves somptueuses et le terrain où elles s'élèvent au milieu des trous d'obus et des boyaux mal comblés; contraste entre les cités ouvrières propres, saines et les cagnas dont s'accommodent les petits commerçants, les petits bourgeois.

Reims était la ville la plus évocatrice d'histoire et de traditions françaises. Hélas ! que reste-t-il des pierres vénérables, des vastes demeures, des maisons pieusement conservées à travers les siècles?

A peine quelques vestiges, autour desquels s'improvise une cité sortie de terre, une foire avec sa pacotille.

Et cependant, il n'y a pas de doute possible: Reims renaîtra. J'ai vu, dans des églises dont les piliers seuls restent debout, avec une partie de la façade, des mariages, des baptêmes célébrés comme autrefois.

Dans la cathédrale même une chapelle, construite à gauche du chœur, est ouverte aux fidèles et continue la basilique. Les Boches n'ont pas réussi à abattre l'admirable nef blessée tant de fois par les terribles obus de 305. Le voyageur l'aperçoit et la salue de tous les coins de l'horizon aux plaines de Champagne. Elle symbolise la résistance, contre laquelle s'est brisée l'entreprise de haine et d'anéantissement d'un peuple.

Mais combien de Français, après un pèlerinage à Reims, s'étonnent encore avec Paul Adam qu'à l'armistice une grande et riche ville allemande, telle que Francfort, n'ait pas été prise en otage responsable des dévastations voulues et opérées par les Allemands! Ceux-ci se sont eux-mêmes vantés d'être les continuateurs des peuples de proie et de destruction. Le crime qu'ils ont commis à Reims est resté impuni.

# TABLE DES MATIÈRES




Chartres. — Imprimerie Félix LAINE. — 65-5-21